百遍读书会

一张表单·一份报告

百遍读书会

系列阅读表

系列主题：________________ 填表日期：__________ 签名：__________

系列书目	系列书单	章节定位		概念同化		主旨统一	议题罗列	答案整理
		第___章	标题______		共性规律	是什么？	主要议题	有无异同
							次要议题	
		第___章	标题______			怎么做？	主要议题	轻重快慢
		第___章	标题______				次要议题	
					自创概念（词汇）	为什么？	主要议题	对错好坏
							次要议题	

一张表单·由表及里

百遍读书会

百遍读书会

系统阅读表

书籍名称：________ 填表日期：________ 签名：________

核心词汇			关键句子			评估启示	自主论述		
词汇：	词汇：	词汇：	第____章 第____页	第____章 第____页	第____章 第____页	忘不了什么事件事例？	段落论述	章节论述	全书论述
翻译：	翻译：	翻译：	摘录： 随笔：	摘录： 随笔：	摘录： 随笔：				
						触动了什么情感情绪？			
						收获了什么理解见解？			
			串联逻辑			掌握了什么方法办法？			
			是什么？	怎么做？	为什么？				
			逻辑线：						

百遍读书会

一张表单·千思万想

百遍读书会

主动阅读提问表

书籍名称：________________ 填表日期：________ 签名：________

书籍类型	主题是什么？		论证是怎样？		正确在哪里？		启示有什么？	
议论性作品	议论的中心思想是什么？		主要观点哪几个？		经验吻合吗？		收获了什么理解见解？	
应用性作品	解决的技术难题是什么？		方法流程哪几步？		方法可行吗？		掌握了什么方法办法？	
虚构类作品(小说)	刻画的人物形象是什么？		关键故事哪几件？		真实常态吗？		触动了什么情感情绪？	
历史性小说(小说+议论)	议论的历史主题是什么？		政经文人哪条线？		权威一致吗？		忘不了什么事件事例？	

系引阅读表（一）

百遍读书会

书籍名称：________________ 填表日期：________ 签名：________

内容概述表

出版信息		作者信息			属性信息		内容信息	
出版机构	版次印次	国家地区	年代年龄	专业职业	书籍定位	书籍类型	参考文献	概述全书
					畅销书 □	议论性作品 □ 应用性作品 □		结合《主动阅读提问表》
					经典书 □	虚构类作品 □ 历史性小说 □		

大纲框架表

结构类型	结构单元								
	第____章	第____章	第____章	第____章	第____章	第____章	第____章	第____章	第____章
分点结构	观点一： 人物一： 事件一：	观点二： 人物二： 事件二：	观点三： 人物三： 事件三：						
分步结构	步骤一： 时期一：	步骤二： 时期二：	步骤三： 时期三：						
分层结构	层级一：	层级二：	层级三：						

百遍读书会

系引阅读表（二）

书籍名称：________________ 填表日期：__________ 签名：__________

主旨分析表

结构类型	分点结构 - 是什么？		分步结构 - 怎么做？		分层结构 - 为什么？		写作主旨				
分析线索	有无	异同	轻重	快慢	对错	好坏	书籍主旨	章节主旨	段落主旨	句子主旨	词汇主旨
主旨问题	某人事物真实存在吗？ 某人有什么事迹？ 人事物有什么特点？ 事物产生的原因是什么？ 目的是什么？在什么因素、背景、情况下产生的？ 带来哪些影响？有什么结果？	与相关的人事物对比有哪些相同点、不同点、可以创新的点？	在行动中需要注意什么技术要点？ 需要重点做好哪几步？ 有什么关键的方法技巧？	行动的先后顺序是什么？人事物发展的时间顺序是什么？	什么是对的？ 什么是错的？ 怎样做是对的？ 怎样做是错的？ 对在哪儿？ 错在哪儿？ 对错标准如何判定？	优点是什么？ 缺点是什么？ 怎样做可以更好？ 怎样做会更糟糕？ 好在哪儿？ 坏在哪儿？ 好坏标准如何划分？	罗列“书籍主旨、章节主旨”对应的问题				

我想读好一本书

BETTER READING

钱闯 著

中国出版集团
中译出版社

图书在版编目(CIP)数据

我想读好一本书 / 钱闯著. -- 北京 : 中译出版社, 2020.4
ISBN 978-7-5001-6263-6

Ⅰ. ①我… Ⅱ. ①钱… Ⅲ. ①读书方法 Ⅳ. ① G792

中国版本图书馆 CIP 数据核字 (2020) 第 033134 号

出版发行 / 中译出版社
地　　址 / 北京市西城区车公庄大街甲 4 号物华大厦六层
电　　话 / (010)68359827，68359303（发行部）
　　　　　68005858，53601537（编辑部）
邮　　编 / 100044
电子邮箱 / book@ctph.com.cn
网　　址 / http://www.ctph.com.cn

出 版 人 / 张高里
总 策 划 / 贾兵伟
策划编辑 / 胡晓凯
责任编辑 / 刘瑞莲
装帧设计 / 潘　峰
排　　版 / 潘　峰

印　　刷 / 山东临沂新华印刷物流集团有限责任公司
经　　销 / 新华书店
规　　格 / 880mm × 1230mm　1/32
印　　张 / 8.75
字　　数 / 157 千字
版　　次 / 2020 年 4 月第 1 版
印　　次 / 2020 年 4 月第 1 次

ISBN 978-7-5001-6263-6　　定价：49.80 元

目录

CONTENTS

推荐序　**好读书，书读好，读好书　/ I**

自　序　**阅读，悦读，跃读　/ III**

第一章　**阅读的准备工作　/ 011**

有效阅读才有阅读力　/ 013

读者在阅读中的义务分工　/ 045

如何养成良好的阅读习惯　/ 058

《主动阅读提问表》案例解析　/ 069

第二章　**快速概述一本书，知其大概　/ 073**

形式笔记与内容笔记　/ 075

虚构类书籍与论说类书籍　/ 080

如何在十分钟内概述一本书的内容　/ 085

如何梳理书籍大纲形成自己的框架印象　/ 096

如何分析一本书的主旨思想　/ 107

《系引阅读表》案例解析　/ 119

第三章　**系统解读一本书，一探究竟　/ 125**

如何通过词汇翻译与作者达成共识　/ 127

如何抓取并串联书中的关键句子　/ 134

如何提炼总结一本书所带来的阅读收获 / 143
如何用自己的话重新论述一本书 / 151
《系统阅读表》案例解析 / 164

第四章 **对比钻研系列书，成为专家 / 175**
如何选定系列阅读的主题 / 177
如何搜索出靠谱的阅读书目 / 181
如何将书目精简到书单 / 186
如何从书单中定位相关章节 / 193
如何同化不同书籍里的众多概念 / 199
如何统一不同书籍里的众多主旨 / 213
如何区分并罗列出系列议题 / 217
如何整理议题里的众多答案 / 221
《系列阅读表》案例解析 / 225

第五章 **如何评论一本书 / 235**
评论书籍需要遵循的四条原则 / 237
评论书籍三大维度 / 243
阅读工作的完成 / 250

第六章 **阅读与成长 / 259**
阅读与知识管理 / 261
阅读与演讲提升 / 268

参考文献 / 275

好读书，书读好，读好书

我喜欢读书，喜欢阅读好书，更喜欢结交悦读者。阅读既要“学以致用”，更要“用以致学”，善读医愚。在我职业训练、达已育人三十余年中，购书超万册，赏之、知之、好之、乐之。

我于阅读有三思：

一、好读书。柳宗元诗曰：“上下观古今，起伏千万途。”喜欢读书如我们，古今中外，名著经典，好书很多；图书馆、书店、家庭书房，以及手机、电脑，触手可及。但掩卷而思，选好书较难。

二、书读好。陶渊明有言曰：“奇文共欣赏，疑义相与析。”阅读宜精，有法可循。千百年的经验传承，阅读早已成为一项“硬技能”。学校教材可能是我们读得最透彻的书籍，每本教材都被逐行解读、反复测试。现如今，寻根究底读透一本书，显得弥足珍贵。提升阅读水平，是增进学习力的关键。同样的一本书，方法不同，是否读透了，阅读收获大相径庭。

三、读好书。杜甫一句“读书破万卷，下笔如有神”，振聋发聩、余音袅袅。关于如何阅读的书很多，能提供有效解决方案的不多，能讲解清楚明了的就更少了。

我与钱闯结缘于“我是好讲师大赛”，作为忘年交，一路见证他的成长与成就。他热爱阅读，勤于钻研，用心梳理阅读方法，且创建“百遍读书会”，以书为伴，以书为友，以阅读为要，终生追寻。

要想阅读好书，真正收获感悟，同行先行者，齐驱并前驱。

见贤思齐有点化，想读好书荐“钱”途——钱闯所著的《我想读好一本书》，针对读友们阅读中“缺方向、少方法、浅收获”等问题，通过“系引阅读法、系统阅读法、系列阅读法”及其表单工具，有理论、有方法、有工具、有案例，自成体系。相信每一位读友，读后定能满载而归。

开卷有乐，“俯仰终宇宙，不乐复何如”（陶渊明）；

开卷有悟，“高斋晓开卷，独共圣人语”（皮日休）；

开卷有益，“粗缯大布裹生涯，腹有诗书气自华”（苏轼）。

祝福读友们，阅读、精思，观照、开悟，践行、收获，由成长而成熟，成就自己，走向生活和事业的巅峰。

—— 刘子熙 知实堂主、TTT 中文版权所有人

阅读，悦读，跃读

白纸黑字创作一本书，需要为每一个字负责，尤其是这样一本关于阅读方法的书。

我性格内向，喜静，主动远离热闹，所以会有大量的独处空闲时光。据说，小时候抓周，面前摆放着书、算盘、钱币、印章、玩具等物品，我独爱书，抱住就不放手，这事儿从记事起就被我妈津津乐道。从小学到大学再到毕业进入职场，一路如此，拿起书就不想放下。一个人的时候，有书就不孤独。

一开始，走了些弯路，读了些“故事会、成功学、心灵鸡汤”。读时大脑发热，读后大脑空虚，不免扼腕痛惜浪费了时间，却又困于不知道该读什么书，内心缺乏阅读方向感。后来，转而阅读大量的文学、历史作品，喜欢读诗，也喜欢写诗，却依然觉得缺了些什么。像一个人走在陌生的城市，没有导航，没有导游，不知道哪里才是好玩的去处，哪里有好吃的美食，哪里有美丽的风景。

直到阅读了朋友推荐的斯科特·派克《少有人走的路 ：心智成熟的旅程》这本心理学著作后，仿佛打开了天窗，真正进入阅读的天空自由翱翔，开始广泛接触各个领域的书籍。

遇见了好多好书，可是苦于没有系统的阅读方法，不能很好地理解和掌握书中内容，“内心想读好一本书，却有心无力”。好不容易读懂了一本好书，却又不会提炼阅读收获，没有多少能沉淀下来。这种感觉，就像在最美好的岁月遇见最想爱的人，却够不着、抓不住，又像眼看着大家都在努力奔跑，偏偏是自己掉队一样。为什么同样是阅读，我却感到无效呢？

毕业后，一直从事培训讲师工作，有幸学习了行业内众多权威老师的专业课程，涉及经验萃取、内容设计、教练引导等专业技术。创新是最佳的“学以致用”，我向老师们请教如何开发出属于自己的原创课程，他们回答：“阅读”。原来课程开发的知识来源是阅读，阅读课题领域内的每一本好书。百转千回，答案在阅读。

此前，阅读是我最大的兴趣爱好；此后，阅读是我最重要的工作、一生的事业。

要做好阅读工作，离不开科学的阅读方法。于是，我将关于阅读方法的好书仔细对比研读了一圈，汇总各个作者的各种方法、概念及论证逻辑、论述细节，并在阅读实践中不断地对比思考、总结规律、创新方法，历时五年逐步搭建起自己的阅读方法体系。

借助这套方法体系，将好书读得更加透彻，汲取书中营养智慧，我的成长之路获得加速。

2016 年，我带着原创课程参加中国培训发展研究中心组织的第四届“我是好讲师”大赛，从全国近十万选手中脱颖而出，最终取得“全国50强讲师”的佳绩，并陆续受邀为世界500强企业提供培训服务。

从2017年起，我与网易云课堂合作开展在线教育，推出了多门职场成长原创课程，获得数十万名学员和众多企业大客户的信任与支持。其中，阅读课程获得“网易云课堂 2019年度好课”。

从2018年起，担任全国演讲大赛“专家评委”，连年获得“优秀评委”认可。

培训、课程、写作、演讲，是“输出”，一份“输出”需要十份“输入”来支撑，阅读是最佳“输入”渠道。

之后，与中国出版集团中译出版社合作，开始在阅读课程的基础之上撰写这本书。

中译出版社是一家有着深厚文化历史底蕴的出版机构，对书籍内容的价值性和思想性要求极高。责任编辑专业过硬，对书稿的升华提出了许多宝贵建议，大到结构框架，中到推论逻辑，小到文字细节，无不反复打磨。在初稿完成后，我们并未急于出版上市，而是继续千锤百炼了一年有余。既注重体系完整、方法落地，也讲究内容易懂、工具易用，还关注语言优美、体验愉悦。像精雕细琢一件艺术品一样匠心研磨。

因为以书为伴，才有从学生到讲师、从读者到作者的转换。一切问题都有答案，或已知或未知，可通过阅读去解题，无论是技能习得、职业发展、财富创造，还是知识管理、个人品牌、生活百科，解题一道，前进一步。阅读带给我的助益和快乐，无以言表。创作这本书，也希望更多的朋友能够通过书中方法，从阅读里汲取更好的营养和智慧，收获更大的成长和快乐。阅读有方法，阅读更快乐。

邀请您关注微信公众号“百遍读书”，回复“百遍读书会”加入我们的社群。在这里，既有作者领读，答疑解惑，也可以与来自全球各地各行各业的书友一起阅读、分享交流、共同进步。

—— 钱闯

第一章 阅读的准备工作

我曾是一名田径运动员，深知“热身运动”的重要性。虽然这得让我们付出更多的时间，但通过运动前的慢跑、对全身肌肉和关节的伸展，可以加速血液循环，让身体为接下来要求更高的运动做好准备。

第一章即是阅读的“热身运动”，我们需要为阅读做足准备工作。

有效阅读才有阅读力

时间因有效而静止，心流因有效而发生。

时间是流动的，在有限的时间有效阅读，才能让阅读时光静止下来，每当此时，“心流”往往相伴而生，我们会将注意力完全投注在书籍之中。

有效阅读三要素

乘书而去，满载而归。阅读一本书的过程，就像是搭乘一艘船在知识的海洋里旅行。能否收获我们想要的知识，满载而归，需要考虑有效阅读的三大要素：好书、好读、好手。

1. 好书

书籍也有好坏之分，读好书是通过阅读获得正向成长的前提，就像做个内心“真善美”的好人，是获得快乐人生的前提。

从广义上讲，能帮助读者更好地了解世界及自己、弘扬“真善美”的书籍都是好书。而当我们需要去选出适合自己的好书来阅读时，就需要从狭义上来考虑。从狭义上讲，好书需要兼顾四个条件：需要的、专业的、正确的、价值的。这四个条件也呼应了《主动阅读提问表》四大基本问题：

主题是什么？

论证是怎样？

正确在哪里？

启示有什么？

需要的

这本书的内容主题，切合我们现在的需求。例如想要学习心理学知识、想要掌握 PPT 制作技术、想要通过小说里主人公的经历来感悟生活的意义、想要了解商鞅变法的历史等。

需要的，即根据自己的需求去选择书籍，需求感会带来更大的阅读紧迫感，让读者不至于随手翻了几页就将书籍搁置一旁，或者遇到读不懂的地方就放弃阅读，或者给自己找理由认为自己是没有时间阅读。越明白自己所需要的，阅读目标就越清晰，这有利于我们找出适合自己的阅读书单，就像找到适合自己的另一半一样，先知道自己心中所需，才知道谁是心中之人。

专业的

这本书的内容编排和论证是科学的、严谨的、有深度的。例如观点鲜明，思想深刻；方法科学，流程规范；故事完整，情节起承转合；拥有大历史观，对政治、经济、文化、人物的议论有历史见地，高屋建瓴。

专业的，本身就有一定的门槛，越专业对作者的功底要求越高，书籍越有质量保障。好比掌握专业技能的专业人才，在企业招聘市场更受欢迎一样，专业的书籍更应该受到读者重视。

正确的

这本书具备正确的价值观，拥有正确的价值导向。例如观点与我们的工作生活经验吻合，并非空想；方法落地，方案有效；故事真实，或者故事符合常态，不肆意扭曲；主要历史事件、基本历史观，与权威一致，不随意杜撰。正确的，这是书籍的方向保证，是一本好书最基本的条件。心要向阳，书要正确。

价值的

这本书会带给我们哪些价值点。例如收获了若干心理学概念；可以制作出优秀的 PPT；树立起钢铁般的艰苦奋斗精神；记住了商鞅这位伟大的改革家，更加尊重法律。

价值的，比正确的更加具体，正确的却无用的，是价值不高的。知识比信息更有价值，好书多为知识密集型书籍。创新的，是最高价值，推陈出新才能推动文化向前发展。有些价值是显性的，在阅读一本书之前就可以轻易分辨，例如摄影技术、厨艺、健身类教程，看完就可以动手操作；有些价值是隐性的，就需要我们在阅读的过程中去总结提炼，还得去工作生活中切身体会，例如中国古典长篇小说四大名著，带给读者的影响更多的是潜移默化的。

“需要的、专业的、正确的、价值的”，满足这四个条件的书籍，更适合作为当下我们选择去阅读的好书。好书，是有效阅读的方向保障。

2. 好读

阅读属于主动学习，越主动收获越多，就像越主动的人收获爱情的概率越大一样，不动空无一人，主动人山人海。

好读之人具备三大阅读优势：“阅读敏感度”更高、“阅读耐久力”更强、“阅读好奇心”更大。

“阅读敏感度”更高

好读的人，“阅读敏感度”更高，拥有从万千信息中捕获知识的更加敏锐的鹰之眼。

高敏感度意味着敏捷的信息识别能力。多年保持股票投资习惯的人，对于时政新闻所能带来的投资机会，拥有高于常人的“投资敏感度”，作为吃瓜群众的我们还没来得及反应，这些投资高手就已下手，等我们反应过来时，股票已经涨到了“山顶”，这个时候我们再去跟进，很有可能就是在“山顶”上黯然神伤地站岗。人际交往也一样，“人际敏感度”高的人，人际关系经营得会更好，一眼即可区分出谁真诚热情可以交心，谁虚情假意保持距离。

阅读也是有敏感度的。好读的人，且不说嗜书如命，至少是一天不阅读，浑身不自在，而保持多年阅读习惯的人，相对于不阅读或者偶尔阅读的人，在寻找好书时的嗅觉会更加灵敏，在阅读时抓取关键句的精准度会更高，对信息与知识的辨别力更强，对信息加工为知识的融合力也更大。

“阅读耐久力”更强

好读的人，“阅读耐久力”更强，拥有阅读更多类型、更大部头书籍的能力。

好比走溜儿之于马拉松，拥有强大耐力的人才跑得下马拉松。阅读耐力强的人，更能承受跨界阅读所带来的不适应不舒服，跨出舒适区而不退缩；会更愿意去阅读长篇巨著型书籍，而不是碎片化的微博、文章。相对而言，好书的内容多为完整的自成体系的知识，这对于我们搭建个人知识体系大有裨益。自成体系，意味着一本书无须依附于其他书籍且可能被其他书籍所依附、引用，此类书多为必读书或者说是必备的知识基础。

在快节奏的今天，“短平快”的内容更受欢迎、更容易被人接受，例如微博、微信、微电影、短视频……能写信写邮件、能看电视剧、能阅读书籍的人就少了许多，我们的信息接收耐力、阅读耐力、学习耐力呈现下降趋势。

好读的人，坐得住、沉得住、耐得住，这是阅读和学习的基本功。阅读也是一件孤独的事情，静下心来，才能走进作者的内心、与作者对话、向作者取经，把书籍读透。

“阅读好奇心”更大

好读的人，“阅读好奇心”更大，对知识更有好奇心，主动提出的问题更多，探究本源的能力更强。

好读的人，内心都住着一个小孩，拥有着孩子般的对外界、对知识的赤诚之心，对于选定的好书，他们相信作者、相信书籍、相信知识，心存善念、心存感激、心存敬畏，这会驱使他们去大胆假设、小心求证、打破砂锅问到底。好读的人，离真理更近。

“阅读敏感度”更高、“阅读耐久力”更强、“阅读好奇心”更大，这是好读之人所具备的阅读三大优势。好读，是有效阅读的内在保障。

3. 好手

好手，是指掌握科学阅读方法的读者。方法得当，事半功倍。

园丁按时给植物施肥浇水，植物也得靠自己能吸收养分，才能开出美丽花朵、长出硕果累累；老师用尽教学方法来教学生，学生也需要自己能学，才能考取重点学校；作者呕心沥血写出一本好书，读者也需要自己能读，才能将书中智慧化为己有。

好书很多，读透的不多；阅读，有方法可循，讲透的不多。这是本书要解决的两大难题，我们将在后续的内容中逐步展开、详细论述，以帮助大家掌握科学的阅读方法，成为阅读高手。好手，是有效阅读的技术保障。

好书 – 方向保障，好读 – 内在保障，好手 – 技术保障。三大要素同时保驾护航，让我们的阅读旅程能够一帆风顺、满载而归。

阅读的两类目标

在工作生活中，与人交谈可以分为两种情形：闲聊和探讨。闲聊、闲谈，没有交谈主题，聊到哪儿是哪儿，与正事无关，例如唠嗑、侃大山；探讨、探索、研讨，主题明确，在探讨中相互交流观点、见解，一起获得进步，例如论坛、座谈会。

阅读也一样，具备两种目标类型：娱乐消遣和汲取营养。

1. 娱乐消遣

娱乐消遣，比如“鸡汤文”、八卦资讯、带有麻醉性质的幻想类小说等，营养不多，却可以打发时间，还是逃离现实、回避问题、缓解焦虑的情绪避难所。长期沉浸于娱乐消遣类作品中，会对读者的意志、心理、自我管理能力等方面带来负面影响。

2. 汲取营养

汲取营养，又可以细分为浏览信息和获取知识（如图 1–1 所示）。

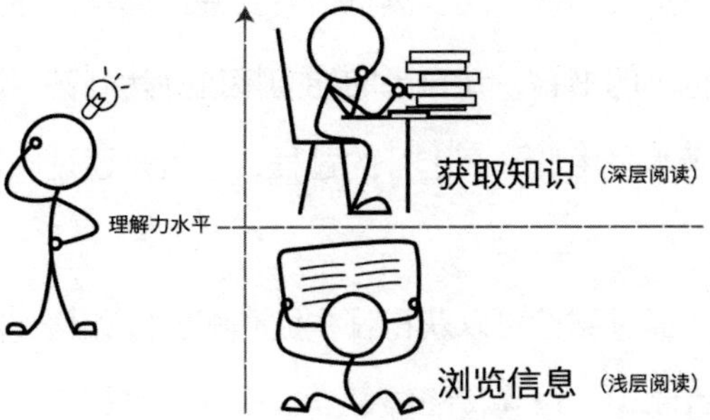

图 1-1 汲取营养的两种情况

可以通过自己的理解力水平来区分“汲取营养”的两种情况：在理解力之下的多属于信息，浏览信息也叫作“浅层阅读”，信息也有营养，但营养价值相对较低，就像让大学生去阅读中小学生的读物一样，因为基本都是已知的内容，就很难引起思考、带来提升；在理解力之上的多属于知识，获取知识也叫作“深层阅读”。知识，富含丰富的营养价值，就像从小学一年级一路升级到大学一样，新一学期的教材内容难度高于上一学期，学生在学习的过程中才可以感受到爬楼梯般的提升感。好的读者敢于持续挑战自己的理解力，理解力越强就能阅读难度越大的书，且阅读过程会更加轻松快速。

阅读是一件自由的事情，我们每个人都有选择什么书来阅读的自由。但是，时间有限，精力宝贵，在有限的时间内，想获取更多的知识，就应该选择超越自己理解力水平的书籍来深层阅读，规避娱乐消遣式阅读，减少浏览信息式浅层阅读。通过阅读超越自己能力范围的书籍，让自己的能力接近、达到甚至超越作者的水平，这个水平由低到高上升的过程，也就是通过阅读获得成长的过程。

那么，通过阅读可以获得哪些成长呢？比如增加阅历、增长美感、增进学识、增强技能等。

增加阅历

“秀才不出门，能知天下事。”读书人即使不出门，依然能知道天下所发生的事情，就像诸葛亮未出茅庐而知三分天下一样。阅读，可以让我们看到世界各地的自然地理、人文生活，体验到人间百态、众生百相，感受到历史的变迁与轮回。而这些透过文字的力量，都可以融入我们的阅历。阅历越丰富，越能见怪不怪、处变不惊、善解人意、心平气和。

增长美感

“腹有诗书气自华。”阅读能培养我们认识美、欣赏美、创造美的能力，从而提升人的精神境界，培养人的高尚品格，树立积极进取的人生态度，以及充实追求品质和完美的动力。美感有助于我们分辨“真善美”和坚守“真善美”。

增进学识

“蜂采百花酿甜蜜，人读群书明真理。”学识是秉持专业主义的知识，尤其在流量主义盛行的当下，弥足珍贵。碎片化的、浅尝辄止的“知识”并不能化作学识，学识需要系统的、深度的、长期的学习积累，而书籍则是体系最完整的知识载体、学习渠道。不学无术者胸无点墨，博览群书者满腹经纶。

增强技能

“千金在手不如一技傍身。”正所谓“一技在手，天下我有”。技能可以代表一个人的职业价值，技能水平越高，价值越大；技能种类越多，价值越多。技能讲究人无我有，人有我优，旁人不具备的我具备，旁人都会的我最专业。而最系统最全面的技能教程，尽在书籍宝库里。

增加阅历：可以阅读历史、地理、传记、戏剧、小说等领域的书籍。

增长美感：可以阅读诗词、书法、摄影、音乐、绘画、舞蹈等领域的书籍。

增进学识：可以阅读数学、法学、经济学、心理学、逻辑学、管理学、国学、哲学等领域的书籍。

增强技能：可以阅读程序开发、机器操作、美容化妆、厨师、演讲、PS、PPT 办公软件操作等职业技能领域的书籍。

不同的阅读目标，会带来不同的阅读态度。以娱乐消遣为目标，就容易虚度光阴；以汲取营养为目标，则争分夺秒埋首学习。而成长的快乐会大于消遣的快乐，前者充实，后者空虚。

面对一本知识密集型的好书，我们是选择和作者随意闲聊几句、不痛不痒、不得要领，还是与作者秉烛夜谈、交流探讨、获得成长呢？

阅读节奏个性化

辣条等零食虽然美味，却没有营养，吃多了还会对人体健康造成不良影响。如果想要健康的生活，就离不开健康的饮食，健康的饮食又包含“食物”和“吃法”。

从“食物”上讲：辣条等“零食”不能贪多，小吃可以怡情；相对而言，大米白面比大鱼大肉更适合作为每天食用的“正食”。一般，成功学、梦想成真类、人生实现类书籍多为“大鱼大肉”，擅长打鸡血，让人情绪亢奋，充满斗志，但却很难落地生根发芽、开花结果；真正推动人类发展进步的是经过历史筛选而传承下来的名著经典，这一类书籍多为清淡平淡的“大米白面”，少盐少油少辣椒少调味品，没有重口味，但却有营养。

从“吃法”上讲：狼吞虎咽恐失了营养，细嚼慢咽恐凉了饭菜，饥不择食恐乱了消化系统，挑肥拣瘦恐坏了免疫系统。只有把握好饮食节奏，才能吃出健康好身体。同理，只有把握好阅读节奏，才能获得阅读好效果。

1. 阅读如饮食

从“食物”上讲：“零食”对应“娱乐消遣型书籍”，“正食”对应“汲取营养型书籍”（如图 1–2 所示）。

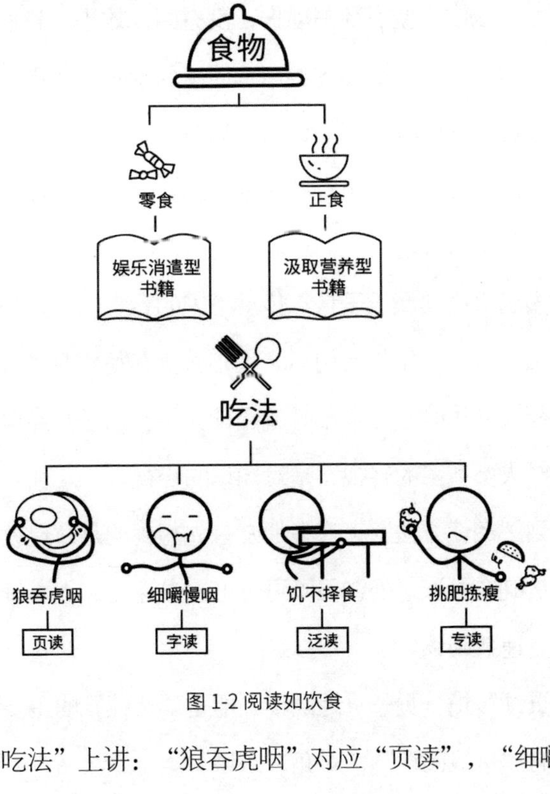

图 1-2 阅读如饮食

从“吃法”上讲：“狼吞虎咽”对应“页读”，“细嚼慢咽”

对应“字读”，“饥不择食”对应“泛读”，“挑肥拣瘦”对应“专读”。

“狼吞虎咽”

“狼吞虎咽”对应的是只求速度不求质量的“页读”。

“页读”的优势是阅读效率高，节奏快。劣势是容易囫囵吞枣，不能深入理解书中的内容，一页一页地翻完一本书，容易像竹篮打水一场空，空有翻书动作，没有阅读效果。我们无须为一年读几百本、上千本书的这类声音而感到紧张、焦虑、压力，因为，对书籍的理解程度与阅读书籍的数量，二者都很重要。没有“理解”的“数量”是没有“质量”的。这里的“理解”特指理解力之上的深层理解。

许多名著经典属于千百年传承下来的智慧结晶，是一位作者或者多位作者，多年甚至用尽一生心血伏案写作而成。对于这类经典书籍，一小时甚至半小时就阅读完了？这是对经典名著的轻视，是对人类智慧的轻视，是对知识的轻视。

谈到“阅读方法”，许多朋友首先想到的是“速读方法”，速读方法确有可取之处，但不可过度追求速度，不可过度追求快速阅读、速效阅读。

“页读”指一页一页地翻读，即是“速读”的主要特征，常用方法有“折线阅读”“对角线阅读”。

折线阅读

折线阅读是“一目多行”，面对一页书，视线从左上角第一行开始，向右下方向一次扫视多行，移动到书页右侧；再从右侧回到左侧；再从左侧向右下方向一次扫视多行，移动到书页右侧；如此循环往复（如图 1–3 所示）。

图 1-3 折线阅读

阅读速度快的读者，按照“左－右－左－右”的路径，一个循环就能读完一页书；阅读速度相对较慢的读者，视线每次扫视的行数较少，就需要多个来回才能读完一页书。如果想进一步提升阅读速度，可以从训练眼球的“一目多行数”着手，让视线一次扫出更多的行数，乃至一眼扫一页。

对角线阅读

在对角线阅读中，视线比折线阅读移动得更加快速。面对一页书，从左上角开头处选一个词，从这一页的中间区域选一个词，从右下角收尾处选一个词，通过这三个词来对这一页的内容建构出一个大致的判断。如果是熟悉的、清楚的、知道的内容，就直接翻页翻过去，遇到陌生的、不懂的、重要的内容，才做视线上的停留（如图 1–4 所示）。

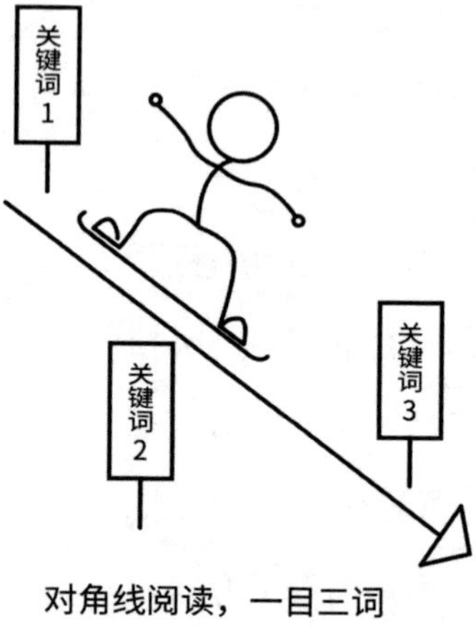

图 1-4 对角线阅读

无论是“折线阅读”还是“对角线阅读”，这些“页读”式的速读方法，一般是在阅读娱乐消遣型书籍或者是理解力之下的浅层阅读时使用的方法。蜻蜓点水的内容，对应走马观花的阅读方式。

阅读大多数类型的书籍时，我们一般采用的是“一目一行”的“行读”，也就是说：“行读”是最主要的阅读形式（如图1–5所示）。

图 1-5 行读

图 1-6 字读

“一目一页”的“页读”速度偏快，“一目一字”的“字读”速度偏慢，“一目一行”的“行读”速度适中。

“细嚼慢咽”

“细嚼慢咽”对应的是只求质量不求速度的“字读”（如图 1-6 所示）。

“字读”的优势是认真细致，聚精会神。劣势是容易食不下咽，就像米饭一粒一粒吃一样，是吃不出来其香甜之味的。一字一字地阅读，也容易导致分神，注意力不集中，书读不下去。因为单独一个字就像一个孤立的点一样，其意义是单调的、乏味的，很难激活我们的大脑，盯着一个字的时候，人容易发呆，而句子则是连接多个点的、线状的，有其线状的逻辑和所要表达的主旨。

“字读”多用于品读诗词，像品味美酒佳酿一样，是柔和、细腻、清雅，抑或是醇厚、坚实、强力，好诗如好酒，回味绕梁三日。尤其是古诗词，古人惜字如金，字字珠玑，唯有“字读”可以品出其味道。我们的主食依然是大米白面，美酒佳酿在饮食中毕竟是少数，诗词也仅是众多阅读领域中的一个细小分支，避免将每一本书都当作诗词来一字一字地品读。

“饥不择食”

“饥不择食”对应的是只求领域不求喜好的“泛读”。

“泛读”的优势是阅读动力充足，使不完的劲，读不完的书。劣势是方向性稍弱，不考虑什么阅读领域是自己喜好，不知道什么书籍是自己所需，人云亦云，别人说好就是好，别人看啥我看啥，有啥书就看啥书，遇见啥书看啥书。

个人知识管理，一般会经历“自知四阶段”：不知不知 - 知道不知 - 知道知道 - 不知知道。

例如，起初不知道自己不懂摄影技术，却自信天生拍照好看，还喜欢在朋友圈分享九宫格图片；直到某天被一位专业摄影师点评，才知道原来自己并没有摄影天分、原来摄影技术得后天习得；于是，通过看书和听课学习，逐渐积累起摄影知识，掌握了相机操作技巧、构图修图技术；持续拍摄作品，持续学习摄影技术，不知不觉间，早已不再在乎自己掌握了多少摄影知识，但分享到朋友圈的照片收获的朋友点赞越来越多。

阅读也一样，也会经历这四个阶段，走出“饥不择食”状态。

第一阶段：不知不知。

不知道自己不知道什么，处于“混沌”阶段。

不知道自己喜欢什么、需要什么，看到周围的人阅读什么书籍，自己就买来什么书籍，大家争相阅读或者谈论的书籍就是“好书”。尤其容易受畅销榜影响，什么书籍畅销、什么书籍火，就阅读什么书籍，至于为什么这本书是自己所需，不知道。

第二阶段：知道不知。

知道自己不知道什么，半只脚踏入“自知者明”阶段。

就像“知错就改”一样，先知道错在哪儿，接着才能方便去改正；先知道不知道什么，接着才能方便去查漏补缺；先知道自己不知道哪一领域的知识、不熟悉哪一领域的书籍，接着才知道要去学习、要去“扫盲”、要去阅读这一领域的书籍。例如，从大学毕业生到三十而立，职业生涯进入管理层阶段，先知道自己不知道管理领域的知识，才能更有动力去找到该领域的书籍阅读学习，以免盲目管理。

第三阶段：知道知道。

知道自己知道什么，正式进入“自知者明”阶段。

走出迷茫和慌张，不再因不知而焦虑，清楚自己掌握了什么知识、经验、技能，可以胜任什么事情，这会带给自己充实感和力量感。就像职场精英自信于自己的工作能力一样，跳槽面试心不慌，升职加薪少不了。

知道自己熟悉哪些领域的书籍，同样可以增加自己的阅读自信、知识自信。要知道，熟悉某一领域的书籍，并不容易，需要对比阅读该领域一系列的书籍，并形成自己关于该领域的独到见解。

第四阶段：不知知道。

不知道自己知道什么，进入“无我”阶段。

知识渊博的人，知识多到没心思去知道自己都知道些什么，也不需要再去刻意证明自己知道些什么。就像少林寺藏经阁的扫地僧，从表面上看，日常工作就是扫扫地，默默无闻，内里却对少林寺所知非常、了如指掌。武功自不必说，阅历丰富到一眼便看出鸠摩智用的是逍遥派的小无相功，而逍遥派连名字都少让人知。他还精通医道，深明医理，能帮助慕容博和萧远山起死回生。气度雍容，和光同尘，超然达观，尽显一代宗师风范。

进入这一阶段的读者，阅读忘我，超脱尘俗，不知道自己已经知道哪些领域的知识，不再为了“补课”或“应试”而学习，不再为了阅读而阅读，实现了真正意义上的“阅读自由”，到达与真理大道融为一体的境界。

“挑肥拣瘦”

“挑肥拣瘦”对应的是只求喜好不求领域的“专读”。

“专读”的优势是专注专业，潜精研思。劣势是容易固执守旧，例如，只读与自己专业相关的书籍，其他专业的书一概不读，或者只读专业类书籍，非专业类书籍一概不读。

进入互联网时代，“互联网 +”式的跨界无处不在，创新离不开跨界，通过跨界创新，可以实现“1+1 ＞ 2”。跨界越多，各领域的知识就越容易链接在一起，创新就越容易。若止步于某一领域，不去接触外面的世界，不吸收专业外的知识营养，就容易画地为牢、坐井观天，反倒不利于专业上的发展。

人类历史上有许多伟大的智者皆是跨界高手，在诸多领域内都做出了巨大的贡献。例如，亚里士多德被称为“一位百科全书式的科学家”，他的贡献涉及哲学、自然科学、教育学等 12 个领域。达·芬奇同样是一位博学者，他在绘画、数学、天文学等 18 个领域都有着显著的成就。莱布尼茨被誉为“历史上少见的通才”，他在哲学、数学、法学等 9 个方向都留下了著作。就像巴黎卢浮宫“三件镇馆之宝”之一的名画《蒙娜丽莎》一样，并非只因内含着高超的绘画技术而成为经典，背后离不开达·芬奇融合众多学科知识的综合创作。

止步于喜好，易停止成长。要实现个人成长，需要持续自我突破。

个人成长突破圈，包含四大区域：舒适区、挣扎区、成长区、目标区（如图 1–7 所示）。

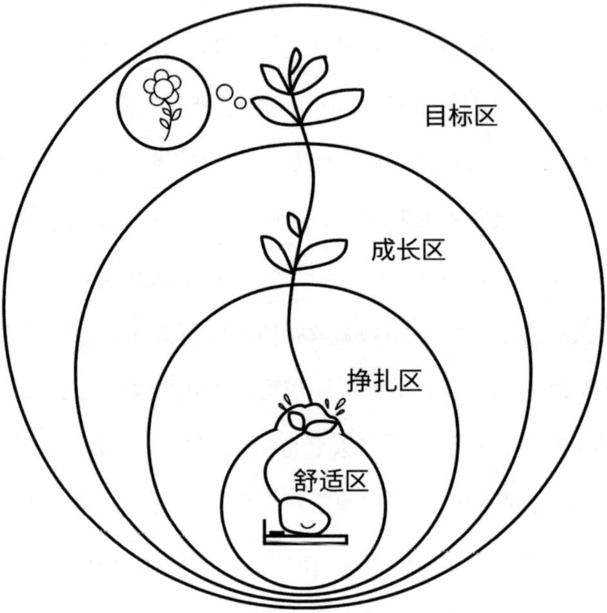

图 1-7 个人成长突破圈

舒适区：感到舒服的、熟悉的、安全的，有安于现状感的区域。

挣扎区：感到恐慌的、焦虑的、痛苦的，有不堪重负感的区域。

成长区：感到新颖的、收获的、充实的，有挑战自我感的区域。

目标区：感到突破的、成功的、满足的，有大功告成感的区域。

自我突破，往往要经历这样一个过程，分为四步：

第一步：走出安逸的舒适区，进入痛苦的挣扎区；

第二步：站稳住痛苦的挣扎区，过渡到学习的成长区；

第三步：不满足学习的成长区，突破到收获的目标区；

第四步：当收获的目标成果成为常态，比如熟练掌握了一项技能，我们就会进入新的舒服的舒适区，接着，新的矛盾就推动新的循环开始了。

例如，习惯了一个人，可能会对两个人的生活有些顾虑，终于有一天，遇见了合适的人，鼓起勇气小心翼翼地打开心扉接触对方；冲突与摩擦避免不了，但少的是痛苦、多的是快乐，在磨合的过程中，两个人一起成长共同进步；在日益加深的感情基础之上，终于收获了幸福的爱情；从朋友到情侣，双方的关系有了质的转变，随之而来的是相处模式的转变以及新的挑战，如果仅满足干情侣关系，不思进取，情侣可能退回到朋友，而非进步至夫妻。

阅读也一样，我们需要不断地去突破自己的阅读舒适区。

第一步：走出熟悉的喜好的阅读领域，进入陌生的不喜好的甚至令人痛苦的阅读领域；

第二步：适应痛苦的阅读领域，不拒绝不逃避，并且要求自己在新领域内获得学习成长；

第三步：设置阅读目标，主动学习，有效阅读，收获自己的阅读成果；

第四步：当所收获的新的阅读成果已经融入自己的知识体系，成为新的“已知”后，避免坐守“已知”，放弃了继续探索“未知”的好奇心和求知欲，而应该在“已知”的基础之上去探索新的“未知”，也就是回到新的循环，进入新的阅读领域。

2. 节奏个性化

“狼吞虎咽”对应只求速度不求质量的“页读”，“细嚼慢咽”对应只求质量不求速度的“字读”。

“饥不择食”对应只求领域不求喜好的“泛读”，“挑肥拣瘦”对应只求喜好不求领域的“专读”。

请注意区分：“狼吞虎咽”不代表“饥不择食”，前者侧重速度快，一口吃掉一头大象，后者侧重领域广，喜欢吃的不喜欢吃的都吃。也就是说，阅读速度快不代表阅读领域就广，阅读领域广不代表阅读速度就快。“细嚼慢咽”不代表“挑肥拣瘦”，前者侧重质量高，精细化饮食，后者侧重领域小，只吃喜欢的。也就是说，阅读质量高不代表阅读领域就小，阅读领域小不代表阅读质量就高。

“狼吞虎咽”与“细嚼慢咽”这一组吃法，“饥不择食”与“挑肥拣瘦”这一组吃法，都有可取之处，既有其优点也有缺点。“狼吞虎咽”和“细嚼慢咽”代表阅读速度、阅读质量，关键字是“速”和“质”；“饥不择食”和“挑肥拣瘦”代表阅读领域、阅读喜好，关键字是“域”和“好”。“速”“质”“域”“好”四者相得益彰，我们需要做的是去找到适合自己的“速”“质”“域”“好”，做到“适速适质适域适好”地阅读。

3. 节奏应目标

那如何做到“适速适质适域适好”地阅读呢？看我们的阅读目标。呼应前面“阅读的两类目标”的内容，阅读目标可以分为“娱乐消遣”和“汲取营养”两大类，汲取营养又可以细分为“增加阅历、增长美感、增进学识、增强技能”四小类。这样就可以梳理出五大阅读目标：娱乐消遣、增加阅历、增长美感、增进学识、增强技能。

针对这五大目标，一般要做到以下几点：

娱乐消遣适合少读速读，以“页读”为特别形式，闲暇时偶尔翻阅，漫无目的，只为放松一下，为快节奏的工作生活增添一些小乐趣。

增加阅历适合广泛略读，以“泛读”为特别形式，多多益善，例如阅读历史书籍，从盘古开天地，到唐宋元明清，再到世界五千年。

增长美感适合来回品读，以“字读”为特别形式，像读诗词一样，去体会结构之美、韵律之美、意境之美，去感受思想之美、情感之美、想象之美、艺术之美、世界之美。

增进学识适合详尽研读，以“专读”为特别形式，精益求精做学问，不成专家不罢休。不同于“字读”的来回品味，“专读”需要一股钻研劲儿，需要开动脑筋做大量的对比分析，还得将所学所知总结提炼，上升到理论的高度。

增强技能适合“边练边读”，最讲究学以致用，学完一招，赶紧去实践中照着招法练手，一招一招地学习练习，再将前后招法融会贯通，还得继续在实践中让习惯成自然，进而习得这一新技能。

4. 阅读以致用

如果说阅读如饮食，写作输出则如长跑，演讲分享则如健身。良好的饮食习惯让身体营养均衡，心情愉悦；定期长跑可以增强体能，带来充沛的精力；坚持健身则可以进一步塑造完美身材，让健康之美由内而外。

读而不写就如学而不思，不仅容易遗忘，关键是很难将所读所学沉淀下来。内化是输出的前提，输出可以促进内化。写作可以促进对阅读所学的内化，一篇读书笔记或者一篇读后感，需要在通览全书的基础之上，去思索、去提炼、去概括、去架构，再用字、词、句、段、章写下来，融入自己的思想和感情，如此坚持，方成积淀。

写而不讲容易怀才不遇，教是最好的学，讲是最好的写。认真读完一本书，没写读后感也罢，写了读后感，却不去进一步站上讲台以演讲的形式分享出来，实在是一种莫大的遗憾，就像你喜欢的人也喜欢你，你却偏偏爱上了沉默，沉默沉默，将机会拱手相让，独留下寂寞。能写文章，有才华，能将所写讲出来，才华横溢。有如歌手唱出歌来，才能更好地展示出其才华一样，能写不会讲，台下做听众，辛辛苦苦写出来的方案，只能拱手相让给能讲的人来讲。可以说，能写还会讲，职场精英标配技能。

在写作、演讲之外，更重要的是培养学以致用的阅读习惯。活学活用，既要联系现实生活来理解书中知识，也要让书中知识服务于现实生活。

三大维度三阶段

先数量，再质量，后品牌。先做大规模，不断追加产品产量，迅速占领市场；在站稳市场后，开始越来越注重产品质量，精耕细作精雕细琢；在提升产品质量的同时，也越来越注重品牌塑造，通过策划运营，赋予产品更多的内涵，让品牌深入人心。这是许多企业发展壮大的三步走战略。

阅读也可以采取类似的三步走战略：先广度，再深度，后高度。三大维度，三个阶段。

1. 广度阅读

广度阅读，广泛涉猎，快速浏览，以“泛读”“页读”为特别形式。

文学、历史、心理学、社会学、生物学、经济学、管理学、法学、国学、哲学等各个领域都去接触一番，不管读不读得懂，也不企图了解每一个字句，先去挑选几本书阅读，由此来对各个领域略知一二，再去有的放矢地钻研。就好比在感情生活中，先多接触异性朋友，先对不同性格异性的不同性格特质有一定了解，尔后再确定彼此合适的性格类型。

广度阅读有两大益处：夯实基础知识、指引主修方向。

夯实基础知识

无论是读透一本好书，还是解决工作生活中的实际问题，往往需要一整套扎实的基础知识来作为基本盘，像习武之人需要先打好基本功一样。

广度阅读，不拘泥于单一领域，从“跨界阅读”到“无界阅读”，不追求样样精通，但可以避免一无所知，目的就是为读者、为学习者打下坚实的知识基础。

指引主修方向

进入职场，能找准自己的职业方向，是每一位职场精英梦寐以求的事情。阅读也一样，能找准自己愿意长年累月主修的领域，是足以令读者欢呼雀跃的事情。

广度阅读，广泛接触各个领域，可以大大提升读者的导航定位精准度。一座图书馆就像一座城市，只有溜达到城市各个角落的市民，才知道哪个小区最适合自己居住生活，只有翻遍图书馆各个角落的书架，才知道哪一个领域的书籍最适合自己。

2. 深度阅读

深度阅读，细致入微，深入钻研，以“字读”为特别形式。

拿到一本好书，不再追求阅读速度和数量，转而注重质量，能够沉下心来反复琢磨，将书籍由表及里一层层剥开吃透，不仅全书、章节、段落，甚至每一句话、每一个词汇也要弄懂读透，就好比细嚼慢咽，将每一粒米饭都嚼烂吸收。

深度阅读有两大益处：结构上下完整，内容前后贯通。

结构上下完整

深度阅读，一般至少需要将一本书完整地、仔细地读完一遍，这样可以避免断章取义，也可以做到从整体上来把握一本书，并梳理清楚书籍的体系结构和逻辑关系。

内容前后贯通

深度阅读，字字句句，字斟句酌，前面的内容理解得通透，才能顺利地去理解后面的内容。遇到不懂的地方，如果不加思考，就翻页翻过去，留下一个个“黑洞”，后面的内容就更难理解消化，前后内容也很难串联起来。

3. 高度阅读

高度阅读，聚焦主题，对比创新，以“专读”为特别形式。

集中某个领域内的好书作对比阅读，区分出不同书的特点、优缺点，梳理出可实践的流程步骤，统一出该领域的好坏标准，创新出属于自己的原创概念。好比经过中学时期语文、数学、英语、政治、历史、地理、物理、化学、生物等多学科学习打好基础，再到大学时期专修某一专业，接着进入研究生阶段，集中专业内的学术资料作对比研究，并发表属于自己的创新论文，成为专家。

高度阅读有两大益处：专业更上一层，知识更加敬畏。

专业更上一层

高度阅读，是最适合写毕业论文的阅读维度，更是每位专业人士持续提升专业水平时最喜欢的阅读维度。在互联网“流量主义”的影响下，我们的注意力被各种“震惊体”的资讯标题所吸引，而人才市场对专业知识、专业技能的要求却越来越高，代表着“专业主义”的高度阅读，就更应该被读者所重视。

知识更加敬畏

高度阅读，是距离真理最近的阅读维度。在集中某个领域内的多本书籍作对比阅读的过程中，会发现：天外有天、人外有人、书外有书。这会增加读者对知识的敬畏之心，抛开浮华，返璞归真，让一切回归“真善美”。

广度、深度、高度，是阅读的三个维度。在本书里，它们分别对应的是：系引阅读法、系统阅读法、系列阅读法。先广度，再深度，后高度，则代表着：系引阅读法、系统阅读法、系列阅读法，是一种递进关系，是阅读的三大阶段。在后续的内容中，我们将按照这样的递进关系来依序展开、详细论述（如图 1–8 所示）。

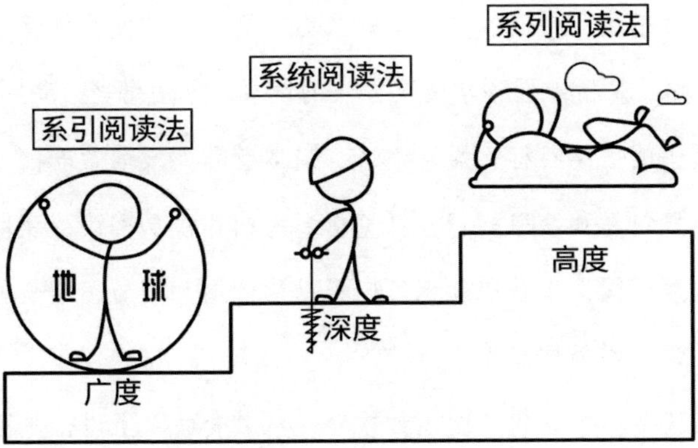

图 1-8 三大维度三阶段

先系引阅读法，包含三大步骤：概述书籍内容 – 梳理书籍大纲 – 分析写作主旨；

再系统阅读法，包含四大步骤：翻译核心词汇 – 串联关键句子 – 评估明示启示 – 自主论述书籍；

后系列阅读法，包含八大步骤：确定系列主题 – 搜索系列书目 – 书目减至书单 – 定位相关章节 – 同化系列概念 – 统一三大主旨 – 区分罗列议题 – 整理归档答案。

三大阅读阶段，分别对应第二章、第三章、第四章的内容。

小结：

有效阅读三要素：好书、好读、好手。好书具备四大特点：需要的、专业的、正确的、价值的。好读之人具备三大阅读优势：“阅读敏感度”更高、“阅读耐久力”更强、“阅读好奇心”更大。好手，是指掌握科学阅读方法的读者，方法得当，事半功倍。

阅读的两类目标：娱乐消遣、汲取营养。汲取营养，可以细分为浏览信息和获取知识，浏览信息也叫作浅层阅读，获取知识也叫作深层阅读。获取知识可以帮助读者增加阅历、增长美感、增进学识、增强技能等。

阅读节奏个性化。阅读如饮食，从“食物”上讲，先区分出哪些是零食，哪些是正食；从“吃法”上讲，再区分出“狼吞虎咽”与“细嚼慢咽”这一组吃法、区分出“饥不择食”与“挑肥拣瘦”这一组吃法。在此基础上，针对“娱乐消遣、增加阅历、增长美感、增进学识、增强技能”这五大阅读目标，在阅读实践中找到适合自己的阅读速度、阅读质量、阅读领域、阅读喜好。一般，娱乐消遣适合少读速读，增加阅历适合广泛略读，增长美感适合来回品读，增进学识适合详尽研读，增强技能适合边练边读。阅读中所学习到的知识，需要应用到实践行动中，写作输出和演讲分享是学以致用的黄金搭档。

三大维度三阶段。广度、深度、高度，既是阅读的三个维度，也是阅读的三个阶段。分别对应的是：系引阅读法、系统阅读法、系列阅读法，这三大方法是本书的核心内容。

好书好读和好手，目标节奏和维度。

读者在阅读中的义务分工

作者语不惊人死不休，读者打破砂锅问到底。

阅读也需要分工协作，作者需要“无惊人之语至死也不肯罢休”的严谨态度，对笔下的每一个字负责；读者需要“寻根究底一定要把事情弄清楚”的认真劲儿，对手中的每一本好书负责。

我们为何要阅读

作为读者，我们为什么要阅读？仿佛一切问题的答案都可以在书中找到。选取四个维度来解答：时间维度、人生维度、角色维度、快乐维度。

1. 时间维度

时间是最宝贵的资源。有人时间多，多到可以发呆、睡觉、闲聊、打牌、玩游戏、刷手机……那么，不做这些能做什么呢？当然是阅读。时间多也是一种富裕，把富余的时间花在阅读上，更能化时间富裕为财富富裕。时间乘以知识能带来哪些结果？相信结果里不会少了财富。有人时间少，少到没时间吃饭、喝水、休息，没时间健身旅游，没时间陪伴家人，没时间保持兴趣爱好……工作时间都不够，还能有时间做什么呢？当然是阅读。能力越足，可支配时间越多。时间少并不代表能力不足，但能力足确实可以提升工作效能，比如时间管理能力或者问题解决能力，都可以增加我们的可支配时间。阅读学习，是提升综合能力的最佳选择。

2. 人生维度

阅读要从小学生抓起，这是培养孩童良好生活习惯、兴趣爱好的黄金时期。孩童强烈的好奇心和求知欲需要正确引导，以防偏离航道误入歧途。年龄小可塑性大，更容易养成阅读习惯，识文断字能力会更强，知识面的积累也更早，接触到的智慧启蒙也更多。

进入中学时期，中学生个性开始成熟，思想开始独立，感情意识萌生，这些成长的背后都需要相应的知识体系来支撑，否则容易使青少年陷入偏激或迷茫状态。这是从孩童到成年人的过渡时期，面临稚嫩与稳重、乖巧与叛逆、保守与激进、怀疑与坚信、自卑与自大等等各种斗争与抉择，而阅读则可以帮助青少年去平衡这些冲突以获得内心的安宁，并找到适合自己的答案，不至于被成长的浪潮所淹没。

大学生活相对比较自由，课外时间充裕，适合谈恋爱，适合打游戏，适合刷电视剧，当然，最适合的依然是阅读。阅读有助于专业上的学术研究，进而让自主学习、自主思考成为常态模式，为接下来的职场竞争做好铺垫。

步入职场，业余时间骤减，大学校园里大把的时间，转眼变成奢侈品，就像无处不在的手机网络突然中断了一样。白天上班，晚上加班，哪有时间去阅读呢？没有时间，多为托词。可以统计一下，平均每天花多少时间刷手机？或者平均每天浪费掉多少时间？每天匀出一小时或半小时来阅读，是可行的，关键在于是否喜欢阅读、重视阅读、愿意阅读。其实，阅读本不该是一件被动为之的事情，更不应该成为负担。受“二八法则”的规律影响，在各行各业各岗位，只有20%的人可以站上金字塔顶，余下80%的人都是默默无闻。如何成为那少数且领先的20%呢？积极充电。书籍就是取之不尽用之不竭的核电站，各种行业知识、职业技能、学术专业等方面的书籍，应有尽有，只有不想学，没有学不到。

历经职场的风风雨雨，昔日纵横沙场的老兵们退休下来，从哪里来，回到哪里去，一切归于平静，坐看庭前花开花落，笑看天边云卷云舒。迟暮之年，时光无价，但年轻时来不及做的一些事情，现在却有了空闲，例如阅读。应该没有人会认为自己读书太多吧？历史沉淀下来的好书汗牛充栋，全世界每天出版的新书又如雨后春笋，相对而言，我们每个人的阅读量只如沧海一粟。所以，壮心不已，终身学习，活到老阅读到老。在书籍里，回忆往日的辉煌，释怀过去的遗憾，找到曾经的自己，展望未来的世界。

3. 角色维度

每一位读者，回到工作生活中，都需要扮演好不同的角色，处理好不同的关系。

亲密关系

亲密关系需要经营，经营的基础是知识。从朋友到情侣再到夫妻，每一次关系的升级都伴随着角色的转变，也都有相应的相处之道需要学习，还需要双方做出思路、心态、行为上的调整。面对亲密关系中的冲突、危机甚至破裂，往往会带给人有心无力的痛苦，这种无力感更多的是源自无知感，不知道如何解决问题、如何让关系变得更好。

如何打开通往亲密关系的大门？——阅读。亲密关系是一项系统的大工程，需要系统的知识体系来支撑。一本好书，其内容是自成体系的，方便读者消化吸收；某一领域的系列书籍，可以覆盖该领域的一片天地，只有想不到的问题，没有找不到的答案。

推荐阅读：[加] 克里斯多福·孟《亲密关系——通往灵魂的桥梁》，[美] 盖瑞·查普曼《爱的五种语言：创造完美的两性沟通》，[美] 约翰戈·特曼 、娜恩·西尔弗《幸福的婚姻：男人与女人的长期相处之道》。

亲子关系

父母与子女组成亲子关系，最好的亲子教育是言传身教，最美好的言传身教是父母陪着子女一起阅读成长，有良好的阅读学习氛围，每个家庭都可以成为“书香门第”。当然，亲子教育和亲子关系同样是一门大学问，该领域有数量众多的专业书籍，在各个细分问题上去答疑解惑。一些我们习以为常的教育方式和行为，如果不去深入了解，就很难摆脱经验思维的桎梏，例如“不打不成才”“大人说话，小孩子别插嘴”。

推荐阅读：[美]尼尔森《正面管教》，[意]玛利亚·蒙台梭利《童年的秘密》，[美]杰弗里·伯恩斯坦《叛逆不是孩子的错：不打、不骂、不动气的温暖教养术》。

管理关系

在组织里，下属与上级之间存在管理关系。作为领导，如何管理好团队、实现组织效益最大化，是永久的话题。作为创业者，如何带领团队占领市场、规避风险、实现盈利、不断壮大，是必须突破的难题。作为员工，如何借助良好的人际关系为公司带来贡献，进而升职加薪，是努力的方向。

这些问题的答案，书籍里全都有，全世界的管理学精英共享出了他们在大量实践基础之上总结出来的管理经验。许多我们百思不得其解的难题，也许在书籍里只是不值一提的小问题。

推荐阅读：彼得·德鲁克《管理的实践》《卓有成效的管理者》，斯蒂芬·P. 罗宾斯、玛丽·库尔特《管理学》（第11版）。

4. 快乐维度

不可否认，深层阅读是有难度的，并不像浅层阅读那样轻松，但是汲取营养的快乐与娱乐消遣的快乐有着天壤之别。相对而言，知识越密集，阅读的“即时反馈”作用越大，一段话、一句话甚至一个字，都能让读者拍案叫绝，获得更多的“即时满足感”。所以，我们才会手不释卷、乐此不疲，这是专属于阅读所带来的快乐。好书看不完，所以快乐不限量、不限期；好书滋养灵魂，所以快乐更深刻；好书弘扬“真善美”，所以快乐更有意义。

我们为什么要阅读？每个人心中都有着自己的答案。也许，无须答案，就像呼吸一样，我们离不开空气，也离不开书籍，又像爱情一样，喜欢一个人无须缘由。

阅读的三种情况

在我们的人际关系中有这样三种人：陌生的人、认识的人、了解的人。大千世界，人口七十几亿，陌生的人太多太多，出门就能遇见，打个照面但并不认识；认识的人也很多，通讯录里同学、同事、朋友、客户上千人，但了解的人不多，认识不代表了解，认识仅停留于表层，比如知道姓名、性别、职业、外貌；熟悉一个人的内里才是了解，比如知其性格、品格、经历、为人处事的风格，真正了解的人、知根知底的人寥寥无几。

与茫茫人海一样，书籍之多也浩如烟海，纸质书籍、电子书籍、在线书籍等多种多样，总有一款适合你。而且，阅读的物质成本呈现下降趋势，只要想阅读，很少有找不到、获取不到的书；但阅读的时间成本却呈现上升趋势，工作生活节奏快，吸引眼球的事物又层出不穷、数不胜数，剩下可以坐下来阅读的时间，似乎总是不够。这些都会影响到我们对书籍的阅读。

当我们拿到一本书后，对于这本书的阅读，一般也有三种情况：一面之缘、一知半解、一清二楚。

1. 一面之缘

大部分是一面之缘，见过一面，看过一眼，搁置一旁，就此别过。没办法，书太多，时间却有限，不知道该看哪一本书好，看了也不知道能不能对工作生活带来改善效果，算了，以后有空再看吧。尤其是进入职场以后，看书的时间很难挤出来。为了能在上下班路上看书，我选择以地铁作为主要交通工具，因为地铁运行平稳，站着也可以用手机看书，而在公交车里即使有座位也没法看书，公交车比较颠簸，让人摇头晃脑的，盯着手机屏幕容易造成头晕，也不利于保护视力。

2. 一知半解

小部分是一知半解，这又分为两种情况：

第一种情况是随手翻了一遍，快速浏览，不求甚解，只知大概。当然，听书类的视听节目也属于这种情况，有些读书节目将一本书精简到30分钟的语音内容，听完只能是了解了书中若干知识点；还有一类读书节目是一字不落地朗读全书，但是人类获取信息的最主要途经始终是视觉，视觉所能感触到的信息范围可以达到数百米，听觉则只有数十米，视觉的画面感也远胜于听觉。常言道，眼见为实，视觉阅读是读书的最主要方式，听书只能是辅助方式。

第二种情况是阅读专业性较强的书籍，或者是属于自己陌生领域内的书籍，读起来有难度，一本书只读懂了一小部分内容，读完了甚至不知所云，因而未能形成整体性的理解。例如，哲学书籍对许多读者来说就比较晦涩难懂，像柏拉图的《理想国》、亚里士多德的《形而上学》、洛克的《人类理解论》、孟德斯鸠的《论法的精神》、卢梭的《社会契约论》、黑格尔的《精神现象学》、尼采的《悲剧的诞生》等，初读甚至重读这些哲学名著时，往往让人感觉云里雾里。

3. 一清二楚

极少数是一清二楚，也就是从字词、句子、段落到章节、全书，反复琢磨，细嚼慢咽，系统地读透一整本书的内容。如果不能系统地读透整本书，就更难消化一个系列的、一个领域的更多书籍。其实小孩子从学会开口说话时，就仿佛天生具备打破砂锅问到底的精神，追着父母亲问东问西：这是什么呀？那是什么呀？怎么做到的呀？为什么呀？随着年纪的增长，我们却变得越来越不喜欢提出问题、思考问题和寻找答案，甚至觉得提问题是一件羞耻、丢人的事情，年少时刨根问底的那股劲儿、那种习惯逐渐泯灭消失，变得越来越难以沉下心去抽丝剥茧、一字一句一段地读透整本书了。

记得在我小时候，社会生活水平还比较低，衣食住行处处不易，书籍是稀有物品，我们好不容易得到的书通常是被翻烂、读烂了的。为了防止书籍被弄脏弄破，我们还会买来书皮、保护套将书籍保护起来。在阅读的时候看见重要的、喜欢的句子，几乎舍不得用铅笔在书页上做笔记。但是现在呢？很多时候，我们说要不忘初心、要保留童心，那是否保留住了孩子般的求知初心和阅读初心呢？

遇见一本好书，也是一种缘分，我们是选择一面之缘的错过，还是一知半解的略过，抑或是一清二楚的爱过呢？

阅读的义务分工

人际沟通有多难，阅读就有多难，甚至更难。一句话一个眼神一个动作，都是沟通，但有效的、能够情投意合的沟通却很难；一个字一本书一幅图画，都是阅读，但有效的、能够一清二楚的阅读却很难。

1. 阅读的定义

阅读和沟通一样，也是一种双向交流的过程。站在读者的视角，是指主动从视觉材料中汲取智慧营养的活动。视觉材料很丰富，文字、符号、公式、图表、图片等都属于视觉材料，看报纸、看杂志、看路边的广告牌、看产品的说明书、看手机软件里的资讯都属于阅读，但我们在本书里所讨论的阅读载体是以书籍为主。

2. 阅读的分工

一本书一场对话，连接着作者和读者，就像是人际沟通一样，作者用笔在说，读者用眼睛在听，但沟通效果却有好有坏。

好的作者与好的读者互为知音，可以互相达成共识。作者在写作时会以专业的写作技巧将专业的内容清晰、客观、全面地呈现在一本优质好书里，读者在阅读时会以专业的阅读技巧，完整地“接住”作者通过书籍想要传达出来的内容。

作者的专业和义务，是将自己已经理解的转化为读者可以理解的；读者的专业和义务，是将作者已经理解的转化为自己理解的。就像“高山流水”的历史典故一样，音乐家伯牙的琴术高超，而音乐爱好者钟子期则善于倾听音乐、欣赏音乐 。当伯牙在弹奏赞美高山的曲调时，钟子期回应：“真好！雄伟而庄重，就像高耸入云的泰山一样！”当伯牙在弹奏展现流水奔腾的曲调时，钟子期回应：“真好！宽广而浩荡，好像看见滚滚江河、无边大海一样！”伯牙每次弹奏到什么，钟子期都能从琴声中领会到伯牙所想的是什么。

拿到一本好书，我们是否能像钟子期一样透彻地读懂作者所写的、所想表达的内容是什么呢？ 这是有难度的。因为每一本书，个头儿虽不大，却浓缩了每一位作者或多位作者几年乃至一生的智慧结晶，作者殚精竭虑、绞尽脑汁、一字一句写出来的作品，读者很难一口就吃掉，需要一个阅读过程去消化吸收，就像食物的消化需要经过口腔、食道、胃、小肠、大肠、肛门一样，需要一个循序渐进的过程。

3. 阅读的义务

好在社会并不要求人人都能像伯牙一样，成为音乐专家，但希望尽可能多的人能像钟子期一样，能够区分出好音乐与坏音乐，懂得欣赏音乐的美妙之处。同理，社会并不要求人人都像作者一样成为专家学者，但掌握科学的阅读方法，能够区分出好书与坏书，能够读懂并消化作者所传达出的智慧，进而更好地了解世界及自己、弘扬真善美，则是每一位读者的义务。

面对一本好书，我们是选择与作者达成共识、成为知音，知其书达其理，还是回避与作者的沟通交流，不识书中意、不识书中乾坤呢？

小结：

我们为何要阅读？无论是从时间维度、人生维度、角色维度，还是快乐维度来考虑，每个人心中都有着自己的答案。无论答案是什么，阅读需要目标导向。因为不同的阅读目标，会带来不同的阅读态度。

阅读的三种情况：一面之缘、一知半解、一清二楚。遇见一本好书，也是一种缘分，能够将好书读得透彻、一清二楚，才不会错过缘分。

阅读的义务分工。阅读和沟通一样，是一种双向交流的过程。站在读者的视角，是指主动从视觉材料中汲取智慧营养的活动。在阅读的分工中，作者用笔在说，读者用眼睛在听。掌握科学的阅读方法，能够区分出好书与坏书，能够读懂并消化作者所传达出的智慧，进而，更好地了解世界及自己、弘扬真善美，这是每一位读者的义务。

一清二楚地阅读，读者义务与分工。

如何养成良好的阅读习惯

不主动无阅读，不练习无习惯。

如果不主动，书籍就很难读透彻；如果不勤加练习，良好的阅读习惯就很难养成。

阅读是主动学习

“学而不思则罔，思而不学则殆。”只学习不思考，就不会有什么收获，甚至陷入迷惑；只思考不学习，就容易坐井观天，陷入空想和空虚。这是孔子提出的学习方法。

阅读也是一样，既讲究用眼睛的视觉看，用手指的触觉写，用双脚去实践，也讲究用大脑的脑力思考，当然还离不开全身心的精力投入，互联网时代越来越流行的读书视频、音频，也可以从听觉上起到辅助作用，例如陈福田主编的《西南联大英文课（有声珍藏版）》一书，不仅有美国艾美奖配音演员专业献声朗读音频，而且还附有同名音频课——《西南联大英文课》。我们称这种学习方式为“主动学习”，主动学习包含“六动”：动眼、动耳、动手、动脚、动脑、动心。总之，就是要让人动起来，以克服马马虎虎、拖拖拉拉的惰性。书籍是静止不动的，这是客观存在的事实，孤掌难鸣，作为读者，如果也一动不动，难道要让书籍里的智慧自己动起来钻进我们的身体里吗？

购买了大量书籍或者经常与书籍合影，都不足以吸取作者的内力。想要将书中智慧化为己有，不主动学习，不主动“六动”，就很难有所收获。采用主动学习方式的阅读，我们称之为“主动阅读”。主动阅读的关键：主动提问。

1. 带着问题去阅读

拿到一本书，先主动提出四个基本问题：

主题是什么？

论证是怎样？

正确在哪里？

启示有什么？

主题是什么？

这本书的主题是什么？中心思想是什么？这是一本书的“心脏”，作者在写作的时候是围绕着主题来写作，读者在阅读的时候也应该围绕着主题来阅读。一般可以细分为：

议论的中心思想是什么？

解决的技术难题是什么？

刻画的人物形象是什么？

议论的历史主题是什么？

论证是怎样？

这本书是如何展开论述的？从什么视角铺展开来的？这是一

本书的“脊柱”，是一本书的支柱，支撑着整本书的架构。一般可以细分为：

主要观点哪几个？

方法流程哪几步？

关键故事哪几件？

政经文人哪条线？

正确在哪里？

这本书为什么是正确的？我们如何去判断书籍内容的正确与否？这是一本书的“书籍价值观”，直接决定了这本书会带给读者的价值影响。一般可以细分为：

经验吻合吗？

方法可行吗？

真实常态吗？

权威一致吗？

启示有什么？

这本书给我们带来了哪些启示？有哪些启发？这是一本书的“书籍价值点”，是读者通过阅读获得成长的落地点，一个价值点代表着一个成长脚印。一般可以细分为：

收获了什么理解见解？

掌握了什么方法办法？

触动了什么情感情绪？

忘不了什么事件事例？

在后续的内容中，我们将继续论述不同类型的书籍所对应的“四个基本问题”的不同之处。在这里，大家要先熟悉《主动阅读提问表》，当我们拿到一本书时，首先向自己提出这四个基本问题，然后主动地、有意识地去在阅读的过程中寻找答案。

2. 主动给自己压力

无论是在学校时期的线下课堂，还是在企业培训中的线下课堂，只要老师开始提问，台下的学员就会精神高度集中起来。对答案成竹在胸的人也许会期待自己的名字被老师点到，知道问题的答案，本就是一件令人开心愉悦的事情；而不知道问题答案的人就不得不打起精神来，担心被老师点到名字，自己回答不上来而在同学面前出糗，不知道问题的答案，本就是一件令人失落紧张的事情。

当我们在阅读一本书时，也是在向作者这位老师学习，但是，这位老师并不会跳出来向我们提出能带给我们压力的问题，因为书籍本身并不具备课堂现场的环境压力，手中的书籍就像被我们掌控于手掌之中一样，很难给我们带来压力。这就需要我们自己来主动提出问题，自己给自己施加一定的压力，以此方式来主动阅读、主动学习、主动提问、主动解题。

我们可以回想一下：从小到大，读书读得最透彻的书籍，是不是中学、高中时期的教科书？为什么读得最透彻？因为上课有老师点名提问、有大大小小的考试考核、有万人争过独木桥的升学压力。有压力才有动力，有动力才能走得更远。而阅读一本书的透彻程度，决定了我们通过阅读获得成长的高低程度。

阅读习惯的养成

练习成习惯，习惯成自然。习惯能造就人的第二天性，勤加练习，熟能生巧，巧若天性。通过持续练习、养成行为习惯，可以让这一行为看起来像是天性如此一样。但习惯的养成其实并不容易，尤其是好习惯的养成，比如职场技能，勤加练习的背后还有技术、理论支撑。就好比武侠小说里的习武之人，在师傅或秘籍的帮助之下打开任督二脉，武功才能突飞猛进。

为了让习惯的养成有方法可循，我们总结提炼出一个练习公式：

练习 = 串联 + 追问 + 时间

其中，串联属于行为模式，追问属于反馈模式，时间属于持续模式。

1. 串联

串联是指贯穿连接整体大流程中的每个小步骤、每个微动作，力求完整性、全流程，而非停留在单一元素上，以避免一叶障目。“一叶障目”远比“一叶知秋”的发生概率更高。一片叶子遮住眼睛，只需睁一只眼闭一只眼，而通过一片落叶看出秋季来临，却是个技术活，一年四季落叶太多，秋季却只有一季。

一叶障目是指局部会影响到对整体的感知，是整体大于局部的立场；一叶知秋是指经由局部即可知道整体，是局部大于整体的立场。局部与整体，是一对哲学范畴。在工作生活中，我们经常陷入这样的两难境地，是优先选择整体，还是优先选择局部呢？一片叶子，是会遮住眼界，还是拉开秋天的帷幕呢？

本书选择的立场是整体大于局部。也就是说，读透整本书，吸纳整本书乃至该领域一系列书籍的知识体系，要大于掌握书中的几个知识点。

为了让串联的内部结构更加清晰，我们也总结提炼出一个串联公式：

串联 = 大流程 + 小步骤 + 微动作

我们学习掌握一项新技能的过程，是从微动作开始，到小步骤，再到大流程。在一开始，微动作的细枝末节，导致我们应接不暇，使得每一步骤的动作显得既僵硬又生疏，基本无暇顾及大流程；接着，微动作掌握了，小步骤也可以蹩手蹩脚地完成，大流程逐渐可以走通；假以时日，终于，微动作闭着眼睛都可以做到了，小步骤也熟练了，大流程也越来越轻松流畅，这才顺利习得这一新技能。

新技能习得中的微动作、小步骤、大流程，就好比阅读中的字词、句子、段落。在小学阶段，识别字义词义，吸引了我们大量的注意力，导致只能阅读和写作简单的句子，对段落的把控力较弱；到中学阶段，对字词库的积累、句子的熟练运用、段落的大量接触，我们已经可以胜任大多数阅读和写作的工作；进入大学阶段，经过专业研读、学术论文上的要求和训练，我们的阅读和写作能力会进一步拔高，字词需要更细腻，句子需要更精准，段落需要更完整。

2. 追问

追问是指抽丝剥茧、刨根问底，挖掘出藏在行动细节里的微经验，力求彻底性，不浅尝辄止，不停留于表面。每一项技能里都有一个大流程，大流程里有小步骤，小步骤里有微动作，微动作里有微经验。微经验的多少直接反映出一个人的功底是否深厚，却容易被学习者忽略。姜还是老的辣，微经验需要在长期实践中逐渐积累，需要通过追问来获得反馈和激励，在反馈和激励中不断验证、强化，经过验证和强化的微经验才能融入我们的血液之中。

为了让追问的内部结构更加清晰，我们也总结提炼出一个通过追问来积累微经验的公式：

追问 = 关键因素 + 注意事项 + 好坏标准

关键因素：行动细节里不可或缺的知识基础、技术要点、资源工具等。

注意事项：行动细节里需要注意的风险点，什么应该做什么不应该做。

好坏标准：行动细节里包含的质量标准，怎么样是好，怎么样是不好。

3. 时间

时间，顾名思义，是指长期地持续地重复练习，并且是一边串联，一边追问。一边将每一个微动作串联到大流程中的每个小步骤，一边追问这个微动作、这个小步骤、这个大流程，做得对不对、做好了没有、怎样做可以更好，一直到不再纠结于单个微动作，每个小步骤越来越熟练、整个大流程运作起来自然而顺畅。

如此才是完整的习惯养成模式：

练习 = 串联 + 追问 + 时间 = 大流程 + 小步骤 + 微动作 + 关键因素 + 注意事项 + 好坏标准 + 时间。

举例：

在驾校学习开车，教练一般先告知并演示给学员如何开车的大流程：第一步，左脚踩住离合期，右脚踩住刹车；第二步，右手挂车一档，右脚松开刹车放置油门上；第三步，左脚慢慢松开离合器，同时右脚慢慢加油门；第四步，在车子开动后，完全松开左脚离合，右脚轻踩油门，车子加速，目光直视前方，注意路况，遵守交通规则。

作为新手学员，首先需要分别学会每一个单一的微动作，针对每一个生疏的、不熟悉的微动作，新手学员都需要去全神贯注地追问关键要点在哪儿、追问教练说的注意事项是什么、动作标准是什么、什么动作被忽略了、什么动作做错了、什么动作做对了等各种需要反馈和验证的细节，这就导致学员没办法将注意力集中到每个小步骤，更加顾不了整体的大流程，所以从整体上去看，就显得既僵硬又生疏，以致被教练各种嫌弃。

经过一段时间的持续练习，当单一的微动作挨个儿熟练以后，每个小步骤就可以越来越轻松地做到，整体的大流程也可以顺利运转起来，再往后，就可以直接将单一的微动作忘掉，甚至将每个小步骤也抛诸脑后，直接下意识地按照大流程即可连贯地、顺畅地开车，晋升为成熟的司机。

我们在学校阶段，一直都在学习语文这门课程，学校的语文课程为我们学习掌握阅读技能打下了扎实的基础，但学校的语文课程围绕的是“听说读写”的综合语言能力。

现在我们将阅读技能单独划分出来，重新开始系统地学习，在这个过程中自然会有些不适应，但是也同养成其他技能习惯一样，需要在不断地追问中，将阅读技能的每个微动作、每个小步骤、整体大流程串联起来，并保持练习一定时间以后，熟能生巧，巧若天性，最终养成这一技能习惯。这也是我们在工作生活中学习掌握其他复杂技能的基本流程。

小结：

阅读是主动学习。主动学习包含“六动”：动眼、动耳、动手、动脚、动脑、动心。采用主动学习方式的阅读，我们称之为“主动阅读”。主动阅读的关键在于主动提问。拿到一本书，先主动提出四个基本问题：主题是什么？论证是怎样？正确在哪里？启示有什么？通过提问和解答，主动给自己压力。

阅读习惯的养成，有方法可循：练习＝串联＋追问＋时间＝大流程＋小步骤＋微动作＋关键因素＋注意事项＋好坏标准＋

时间。通过对系引、系统、系列三大阅读法的持续练习，熟能生巧，巧若天性，最终养成这一阅读技能习惯。

主动学习有“六动”，习惯养成有“公式”。

《主动阅读提问表》案例解析

一张表单，千思万想。

《主动阅读提问表》帮助我们主动给自己压力、带着问题去阅读。填写《主动阅读提问表》，有四大基本问题：

主题是什么？

论证是怎样？

正确在哪里？

启示有什么？

以罗伯特·西奥迪尼的《影响力》一书为例，当我们拿起这本书时，首先主动提出以下四个问题：

思考并回答：主题是什么？

通过内容简介，“在这本书中，著名的心理学家罗伯特.西奥迪尼博士为我们解释了为什么有些人极具说服力，而我们总是容易上当受骗。隐藏在冲动地顺从他人行为背后的 6 大心理秘籍，正是这一切的根源。那些劝说高手们，总是熟练地运用它们，让我们就范”，可知《影响力》是一本关于“影响力法则”的心理学作品。

答案：影响力法则。

思考并回答：论证是怎样？

通过章节的结构脉络与逻辑脉络，来分析全书的论证脉络；通过段落、句子、词汇的论述细节，来分析全书的论证细节。

答案：全书主体上是围绕“互惠、承诺一致、社会认同、喜好、权威、稀缺”这六大原理展开论述，以“心理基础 – 案例 – 应用 – 对策”的内部结构来论证每个原理。

思考并回答：正确在哪里？

通过分析六大原理及其大小论点、论据、论证是否符合经验规律，来分析其科学性。

答案：六大原理与日常经验吻合，广泛出现在工作生活里；“心理基础 – 案例 – 应用 – 对策”的论证结构严谨、论点正确、论据充分。

思考并回答：启示有什么？

六大原理是全书的主要内容，自然也是带给读者的主要启示。

答案：理解六大原理并让其服务于工作生活（以写读书笔记或读后感的形式输出）。

将四大基本问题的答案填入《主动阅读提问表》，有三种情况：也许打开一本书在十分钟内即可解答（系引阅读阶段），也许系统阅读全书才可解答（系统阅读阶段），甚至阅读完一系列书籍才最终解答（系列阅读阶段）。不论是哪一种情况，这四大问题始终伴随阅读过程。

《主动阅读提问表》，主动给自己压力。

第二章

快速概述一本书，知其大概

在长跑运动中，起跑阶段的好坏直接预示着长跑成绩的好坏，也对后续阶段的完成起着衔接作用。

第二章即是阅读的“起跑阶段”，通过系引阅读法，我们先大致了解一本书。

形式笔记与内容笔记

不问不答一场空，只问不答没收获，有问有答有着落。

在阅读一本书的过程中，如果没有带着问题，就好似在大街上漫无目的地闲逛溜达，自然就没有收获、没有答案，书中内容就进不了我们的大脑，以这样的状态读完一本书，只似竹篮打水一场空；如果带着问题打开一本书，却没有在阅读的过程中寻找答案，只问不答，提出的问题就激不起水花，读完一本书也很难有多少收获；如果带着问题去阅读一本书，在阅读的过程中不断地抓取内容、思考问题、总结答案，并且用笔记录下来，有问有答，如此阅读才不会读完就忘、读而无果。

读者在阅读的过程中有问有答，即在与作者、与书籍对话，可以帮助读者保持清醒、主动思考，还可以加深理解、加强记忆。对话的过程，最好可以动手动笔在书籍上、在笔记本里做笔记。

两类笔记

阅读笔记可以分为两大类型：形式笔记和内容笔记。

1. 形式笔记

形式笔记一般有五种：画底线、圈框线、标符号、编序号、记页码。

画底线：在认为重要的句子下画线，一般是画直线、双线、波浪线、彩线等。

圈框线：将关键词、句子或段落用圆圈圈出来或用方框框起来。

标符号：在认为重要的段落旁标示黑点“●”、箭头“→”、三角形“△”、感叹号“！”、问号“？”或其他符号。

编序号：在涉及全书结构线、重要逻辑线的句子、段落旁，做顺序编号，例如①②③④⑤⑥。

记页码：给书页折角或借助书签，或者在笔记本里记下页码来提示包含重要内容的书页。

这五种形式笔记可以帮助读者在阅读的过程中突出或强调重点内容，以备回顾或回读时快速提取关键信息。我们在使用形式笔记时，关键是熟悉各种笔记所代表的作用与所对应的书中内容，形成一套属于自己稳定的笔记系统。并且，熟能生巧，不断简化形式笔记的形式过程，不让形式笔记的挑选与运用占用我们的注意力，而将注意力集中在书籍内容及内容笔记上。

2. 内容笔记

阅读笔记按属性可以区分为两种：标示性笔记、文字性笔记。“形式笔记”属于“标示性笔记”，标示性笔记的功能以提示提醒、排序归类为主，这样可以方便整理阅读笔记；“内容笔记”属于“文字性笔记”，文字性笔记需要读者先思考总结再写下来，是对作者文字的反馈，是对主动阅读所提出问题的解答，是关于书籍内容的答案。

内容笔记可以细分为两种：注解型笔记、表单型笔记。

注解型笔记

注解型笔记是指阅读时在文中空白处对书籍内容做出简单的解释、补充或议论，以加深理解和印象。例如关于大纲结构的结构笔记、关于内容逻辑的逻辑笔记、关于重要概念的概念笔记、关于作者观点或自己见解的观点笔记、关于修辞手法的修辞笔记等。一般，可以在页眉、页脚、页侧及“字词句段”旁做出注解。注解型笔记，经常伴随形式笔记一起使用。例如，标符号，在句子段落旁画一个箭头，指示到书页空白的地方并写下注解。

在阅读的过程中，迅速将自己的想法写下来。这种即时性的书写行为，是一种主动的阅读方式，并且不会轻易打断读者的思路。

表单型笔记

表单型笔记是指在阅读过程中借用表单工具来帮助梳理思路、辅助理解、整理答案。相对于《主动阅读提问表》中的四个基本问题，后续“系引阅读法、系统阅读法、系列阅读法”的内容，都是在提出更全面、更完整、更体系的问题。落实到具体的行动中，就是一步一问、一问一答地填满《主动阅读提问表》《系引阅读表》《系统阅读表》和《系列阅读表》，这四张表单是做好内容笔记的专用工具。

内容为王

内容为王，形式为辅。做阅读笔记同样如此，形式笔记可以辅助内容笔记。许多问题的答案并不会在系引阅读中就能找到，需要在系统阅读中去挖掘，甚至需要到系列阅读中去对比求解，在这个过程中就需要借助于五种形式笔记来辅助，标示出重点线索，以方便后期汇总整理出答案。同时，内容笔记出于解读书籍内容的需求，也为形式笔记提供了做标示的思路：有的放矢划重点。避免用各种符号涂满书籍的每一页，将书籍涂画得面目全非，喧宾夺主。并非所有的字、词、句子、段落都是重点，重点毕竟只是少数，多为书籍内容的点睛之笔。

所以，不论是形式笔记还是内容笔记，都是为了帮助读者与作者对话、与书籍对话，帮助读者解构、消化书中内容。

小结：

阅读笔记可以分为两大类型：形式笔记和内容笔记。内容为王，形式为辅。形式笔记一般有五种：画底线、圈框线、标符号、编序号、记页码。内容笔记可以细分为两种：注解型笔记、表单型笔记。

阅读笔记两大类型，内容为王形式为辅。

虚构类书籍与论说类书籍

分门别类，以简驭繁。

大千世界让人千头万绪，分门别类，才能化繁为简，进而以简驭繁，以简捷了当的方式来处理纷繁复杂的事物。

书籍之多浩如烟海，如果不分门别类，就容易找不着北，漫无目的地不知道怎么去选择合适的书籍。而且，越早知道所读书籍的类型越好，因为不同类型的书籍对应着不同的阅读视角，正如不同类型的性格，对应着不同的思维视角和相处模式。

虚构论说两大类

书籍类型分为两大类：虚构类和论说类。

1. 虚构类书籍

虚构类书籍以文学作品为主。按照三分法来区分，文学作品可以划分为叙事类、抒情类、戏剧类。按照四分法来区分，文学作品可以划分为叙事类小说、诗歌、散文、剧本。将三分法和四分法结合来看：

剧本对应戏剧。国内作品，例如“四大古典戏剧”：《西厢记》（王实甫）、《牡丹亭》（汤显祖）、《桃花扇》（孔尚任）、《长生殿》（洪升）；现代经典话剧：《雷雨》（曹禺）、《屈原》（郭沫若）、《茶馆》（老舍）等。国外作品，例如威廉·莎士比亚流传下来37部戏剧作品，包括《哈姆雷特》《奥赛罗》《李尔王》《麦克白》这四大悲剧。

小说以叙事为主，抒情次之。例如中国古典长篇小说四大名著《水浒传》（施耐庵）、《三国演义》（罗贯中）、《西游记》（吴承恩）、《红楼梦》（曹雪芹），当代小说《围城》（钱锺书）、《平凡的世界》（路遥）、《白鹿原》（陈忠实）、《活着》（余华），历史小说《曾国藩 》（唐浩明）、《明朝那些事儿》（当年明月）、《康熙大帝》（二月河），科幻小说如刘慈欣《三体》《流浪地球》《乡村教师》等。

诗歌、散文以抒情为主，叙事次之。中国诗歌的发展路径是“《诗经》→《楚辞》→汉乐府诗→魏晋南北朝民歌（代表者：建安七子）→唐诗→宋词→元曲→明清诗歌→现代诗、新诗”，散文代表作品有鲁迅的《朝花夕拾》《野草》等，朱自清的《背影》《荷塘月色》等。

2. 论说类书籍

论说类书籍的主要目的是传递知识，知识按照二元化结构可以分为“陈述性知识”和“程序性知识”，分别对应的是“议论性作品”和“应用性作品”。

陈述性知识是指能用语言直接表述出来的知识，是关于事物属性、标准、因果的知识，主要用来回答“是什么”“为什么”的问题；而程序性知识则是需要通过身体力行传达出来的知识，是关于技能、行为、实践的知识，主要用来回答“怎么做”的问题。家庭教育中的“言传身教”即是“二元化知识”的应用典范。父母亲既要用言语来教导孩子为什么要“合情合理合法”、什么是“合情合理合法”，也需要以身作则来示范什么样的行为标准是“合情合理合法”的。

因此，议论性作品内容的主要构成部分是理论、概念、观点、假设、论证，而应用性作品内容的主要构成部分是方法、技巧、流程、步骤、动作。

哲学、历史学、政治学、经济学、心理学、社会学、管理学、教育学、法学、艺术学等，这些学科类书籍多为议论性作品，也就是说，我们在学校阶段所学的学科教材，多为议论性作品。这些议论性作品，既全面又系统，就是不怎么容易动手实践。

从学校毕业进入职场以后，为了适应市场环境的快速变化、人才环境的激烈竞争，我们开始由阅读议论性作品转向阅读应用性作品，以掌握和提升更多的职业技能，并希望能够解决眼下遭遇的职场难题。往往，我们会讲究“短平快”的阅读效果。例如PPT、Word、Excel、思维导图等办公软件，PS、AI 等设计类软件，PR、AE 等视频制作软件，各种 SOP 标准作业程序，程序员的程序开发技术，演讲、沟通、销售技巧等。

从传递知识的角度来区分：议论性作品注重潜移默化，多为学科类书籍；应用性作品注重立竿见影，多为技能类书籍。所以，在企业培训中，我们很难见到学科类课程，大多是技能类课程；而在大学教育里则以学科类课程为主，许多技能类的选修课大受学生群体欢迎。

区分整体与局部

需要注意的是：我们在这里对书籍分类，是依据书籍整体上的属性来区分，但从局部上看，一本书的内容很难是单一的构成，往往既有虚构类的部分，也有论说类的部分，二者所占比例各有差异，并且，论说类的内容中，既有议论的部分，也有应用的部分，所以，每本书都有着自己的“个性”。一如性格可以分为“轻性格、重性格、快性格、慢性格”四种，而这四种性格的特质在每个人的个性构成中所占比例并不同，所以每个人的个性各有差异。

例如《明朝那些事儿》（当年明月）这本书，容易分辨出是属于虚构类叙事小说，但它也包含大量围绕历史的议论性内容，因此这本书往往被归类为历史性小说，这就需要同时以阅读小说和议论性作品的视角来阅读它，或者说从整体上以阅读小说的视角来读它，对于局部议论性的内容，则以阅读议论性作品的视角来读它。

其他例证：以议论性为主的罗伯特·B. 西奥迪尼的《影响力》一书，也包含应用的部分；以应用性为主的马克·凯斯特勒的《30 天学会绘画》这本书，也包含议论的部分。这就需要同时以议论性作品和应用性作品的视角来阅读这些书籍。

不同类型的书籍，对应不同的阅读视角。在《主动阅读提问表》里，我们列出了四种书籍类型，其中，虚构类书籍以小说为代表，并单独划分出由“小说和议论性内容”共同构成的“历史性小说”这一类型。阅读历史性小说，可以帮助我们强化历史视角，历史视角是一种长线思维，不以一时论得失，走一步看十步，是“延迟满足感”、培养自律习惯、制定未来规划的关键所在。

这四种类型的书籍最为常见，也可以代表四种不同的阅读视角。

小结：

越早知道所读书籍的类型越好，书籍类型分为虚构类和论说类两个大类。其中，论说类又分为两个小类：议论性作品和应用性作品。对于不同类型的书籍，应以不同的视角去阅读。对于内容同时兼具多种类型的综合类书籍，需以多种视角去综合阅读。

虚构论说两大类，区分整体与局部。

如何在十分钟内概述一本书的内容

初次见面，一见如故。

投缘的人，初次见面就情投意合，相见恨晚，像认识很久的老朋友一样一拍即合，恨不能早点相遇。

阅读也一样，遇见一本好书，就是一次心动，像突然在某个街角与梦中情人相遇，又像不经意间遇到了更好的自己：找回了曾经的自己，鼓励了真实的自己，或者验证了想成为更好的自己的模样。

当然，走心是需要有内容基础的。拿到一本书，这本书并不一定就是好书，所以，我们需要先翻阅一遍，揣度揣度，像陌生人相见，先估量一番，形成一个大概印象。

估量的要素分为四大部分：出版信息、作者信息、属性信息、内容信息。

出版信息

出版信息包含出版机构、版次印次。

1. 出版机构

出版机构，包含出版社和出版公司。一本书需要经过出版机构的审核和编辑才能出版。我们在挑选吃穿住行所用的商品时，往往很看重品牌，大公司出产的产品更有质量保证。可是，在买书的时候却容易忽略品牌。

虽然现在出版机构越来越多元化发展，涉及的选题越来越广泛，但是，对于专业领域的书籍，专业的出版机构会更加靠谱一些。例如《30 天学会绘画》（马克·凯斯特勒）是由上海人民美术出版社出版、《文体与翻译》（刘宓庆）是由中国出版集团中译出版社出版，相对而言，美术类出版社、翻译类出版社的编辑人员具备更多的美术领域、翻译领域的专业知识，更加了解领域内作品的好坏。

历史悠久的出版机构，品牌积淀更深厚，出版流程更严谨，错别字更少，翻译更贴切，对内容更考究，对用材更讲究，所推出的书籍也更值得信赖。

但是，相对于其他行业，出版机构的广告曝光度要低很多，许多读者拿到一本书后很少会去注意出版机构，而养成了搜索查询书籍的出版机构信息的习惯后，就会发现：不同出版机构也有不同的性格。有些出版机构注重专业质量，多出精品经典书籍；有些机构偏向于销量第一，多出迎合“风口”“流量”的畅销书；有些机构以赚“快钱”为目标，所出书籍可能是“伪书”或“山寨书”。

2. 版次印次

版次是指书籍出版的先后次序。书籍首次出版，被称为“第一版”“初版”，修订后如果内容做过重大修改，版次就要重新计算，被称为“再版”“三版”等，依此类推。版次越新，内容越新鲜：如果作者在世，并主动对作品不断地修订完善，那么，新版的书籍在内容上一般是更加细致更全面的。或者版次越新，书籍越精美：随着装帧和印刷技术的更新升级，新印出来的书相对于旧版的书，印制质量一般会更好。

印次是指书籍每一版印刷的累计次数，比如第1版第6次印刷。印次越多，说明书籍越受欢迎、销量越大、知名度越高、影响力越大。

作者信息

熟悉了出版信息，再看作者信息。作者信息包含国家地区、年代年龄、专业职业。

1. 国家地区

受历史、地理、政治、经济、文化等不同环境的影响，不同国家、同一国家不同地区的作者，会具备不同的创作风格。例如，在社会科学领域，欧美作者擅长实验分析和推理论证；在管理学领域，日本作者擅长精细化管理。

外国作者的书籍一定比中国作者好吗？不一定，仅有一定的参考意义。随着出版行业的发展，引进外国作品的难度在下降、数量却在上升，质量的参差不齐在所难免。中华民族五千年文明史，好作者和好书数不胜数。

2. 年代年龄

不同年代、不同年龄段的作者，也会有差异。例如，在年代方面，古代和现代有文言文与白话文之分；在年龄段方面，德高望重的作者往往专业度更高，年轻作者如雨后春笋般涌现，既有推陈出新，也有劣币驱逐良币。

3. 专业职业

作者需要专业背景和职业背景。专业、职业与作品一致的作者，在所研究领域经验更丰富、专业度更高、知识体系更全面，所推出的作品更加值得信赖。例如，《心流：最优体验心理学》是积极心理学领域重磅作品，书中内容被大量引用，作者米哈里·契克森米哈赖，其专业、职业与作品高度一致，长期担任大学心理学教授，具备大量的研究案例和海量的学术参考资料。

翻译类书籍，还需注意“译者信息”。一本书的不同版本可能有不同的译者，不同的译者因专业知识、背景知识的不同，所翻译的书籍在内容风格上也会有差异。例如，村上春树的作品《刺杀骑士团长》，林少华翻译的版本与赖明珠翻译的版本，其内容就各有风格。

了解国家地区、年代年龄、专业职业等作者信息，既可以帮助我们筛选书籍，也可以帮助我们更好地了解书籍内容。

除了这三大作者信息之外，我们还可以去了解作者的人生背景：大小环境、前后经历。了解作者的人生背景，更容易拉近读者与作者之间的关系，也更能理解作者的作品，如论说类书籍背后的逻辑渊源、虚构类书籍背后的情节渊源。

下面以“西方现代主义文学的先驱和大师”弗兰兹·卡夫卡为例，其代表作品为《审判》《变形记》《城堡》。

家庭成长背景：父亲严厉苛刻，反对其文学爱好，他只能偷偷摸摸地写作。恋爱生活背景：一生三次订婚，三次解除婚约，因害怕婚姻生活会毁掉其写作所赖以存在的孤独感、恐惧感，在所钟情的写作面前，婚姻在其心里没有位置。社会生活背景：生活和创作的主要时期是在“一战”前后，经济萧条、社会压抑、人民穷困。知识体系背景：深受尼采、柏格森的哲学思想影响。

了解这些背景信息，才更能理解其作品中的基本主题“现代社会中，人对社会的陌生感、孤独感与恐惧感”及其作品中所表现的不确定性特征“小说往往没有起始，没有结尾，没有具体的时间和地点，没有明确的方向”。因为这些背景信息，滋养了作者的内心世界，作者的内心世界又会外显到其作品之中。

在图书市场上，“伪书”“山寨书”的数量远超过我们的想象。例如，同一书名，不同出版社、不同作者、不同内容，读者一不小心就会买到伪书。好书只有一个，余下皆为伪书，许多伪书的销量之高甚至让好书没了生存空间。伪书的质量，自然没有保障。所以，认准出版信息、作者信息，也可以帮助我们在选书时找准好书。

属性信息

书籍的属性信息，包含书籍定位和书籍类型。

1. 书籍定位

书籍定位既包含书籍在图书市场中的实际位置，也包含作者在写作时对自己作品的自我定位。

当我们在网络平台搜索书籍时，出现频率最高的、最容易找到的书籍有两种：畅销书、经典书。畅销书是指在某段时期内，销量非常大、非常受欢迎的作品，比如出版当年销量达到十万册以上。畅销书不一定能成为长销书，经典书更容易成为长销书。经典书是指能经得起时间检验、筛选，具备典范性、权威性的作品。在某段时期内，经典书不一定卖得过畅销书，但经典书比畅销书更值得信赖。

通过选题是否追热点、遣词造句是否考究、结构是否严谨、逻辑是否自洽、论证是否全面等方面，可以判断出作者在写作时是希望自己的作品成为畅销书，还是更希望自己的作品成为经典书。

这也可以作为我们挑选书籍时的考虑方向。畅销书喜欢紧跟热点，讲究在热点出现后越快出版上市越好，因为热点意味着可观的销量预期。追求写作速度就很难保证写作质量，所以在文笔、结构、逻辑、论证上很难投入足够的时间精力，容易粗制滥造。例如，用碎片化的文章拼凑出一本书，各章节间不成体系；抑或是堆砌大量的励志故事、“鸡汤”故事。

2. 书籍类型

“先浏览一遍封面、腰封、书名、副标题、目录、内容简介、序言、索引，”结合前面一节“虚构类书籍与论说类书籍”中的内容，即可大致判断出书籍类型：是虚构类的小说作品，是含有大量理论论证的议论性作品，还是以方法步骤为主的应用性作品。

内容信息

了解了书籍的属性信息，最后看书籍的内容信息，包含参考文献和概述全书。

1. 参考文献

作者在写作时会查阅参考大量的文献资料，站在巨人的肩膀上来创作。文献资料是巨人的佳作，巨人的专业度决定了巨人肩膀的稳健度。如果参考文献以经典名著为主，那书籍内容基本有保障，无论是理论基础、论证逻辑还是数据案例；如果参考文献以畅销书为主，需注意作者之间互相抱团推广的情况。

畅销书的背后，一般有三条路径：一是靠品质口碑的自然传播，二是靠“包装作者”的营销推广，三是靠“流量大 V”的资源互换。自然传播比营销推广靠谱，营销推广比资源互换靠谱。自然传播代表人民群众自发的口口相传，这样的作品经得起时间的检验，具备成为经典书的潜力。作者即便是包装出来的，内里也需要一定的专业基础，不然很容易被揭穿。“流量大 V”由“粉丝”数量来评判，而在大众传播中，短期内流量与专业度往往倾向于反比例关系，相信未来会逐步走向正比例关系：专业度高的书籍销量也高，就像流量明星越来越支撑不起电影票房一样，观众越来越重视专业导演、专业编剧、专业剪辑、专业演员和专业演技。

需要注意的是：专业水平，并不仅限于论说类、学术型书籍，每一种类型的书籍都有其对应的专业性要求。不同领域还设置有不同的评优奖项，例如，长篇小说领域的“茅盾文学奖”、戏剧领域的“曹禺戏剧文学奖”、科幻领域的“雨果奖”等。阅读水平越高的读者，对书籍专业度的要求越高，而科学的阅读方法是提升读者阅读水平的必备技能。

2. 概述全书

《内容概述表》中的核心部分是“内容信息”这一栏，前面三栏“出版信息、作者信息、属性信息”也都可以从侧面为“内容信息”这一栏服务。填好这一栏，需要我们在第一遍快速浏览全书的过程中，用一句话或一段话来概述全书内容，说明整本书所写的是什么。对应《主动阅读提问表》中提出的第一大基本问题“主题是什么？”，细分为四个角度：

议论的中心思想是什么？

解决的技术难题是什么？

刻画的人物形象是什么？

议论的历史主题是什么？

大多数书籍，在内容简介中就已经概述了该书的内容。

如议论性作品《亲密关系——通往灵魂的桥梁》（克里斯多福·孟）的内容简介里就写到：“这本书告诉我们如何穿透自我障碍，用爱酿造幸福秘方。”一句话概述清楚了这本书所议论的中心思想是什么。

应用性作品《30天学会绘画》（马克·凯斯特勒）的内容简介是："本书的作者是艾美奖的获得者，他会告诉你把停留在二维纸上的图画变成三维图画的诀窍。""把停留在二维纸上的图画变成三维图画的诀窍"，即是这本书要解决的技术难题。

虚构类作品《平凡的世界》（路遥）的内容简介是这样的："该书以中国70年代中期到80年代中期十年间为背景，通过复杂的矛盾纠葛，以孙少安和孙少平两兄弟为中心，刻画了当时社会各阶层众多普通人的形象；劳动与爱情、挫折与追求、痛苦与欢乐、日常生活与巨大社会冲突纷繁地交织在一起，深刻地展示了普通人在大时代历史进程中所走过的艰难曲折的道路。"这段话交代清楚了小说的主角、主要的故事线、所刻画的人物形象以及所传达的时代精神。

如果书籍的内容简介概述得不够完整，也可以从书籍序言里去概括总结出该书的内容。

当然，在我们第一遍快速浏览完一本书之后，也需要能自主概述出这本书的大致内容。接着，将"自主概述"与书籍内容简介、序言中的"作者概述""编辑概述"或"推荐人概述"以及网络书友分享的"书友概述"一起作对比分析，通过对比可以查漏补缺，发现自己遗漏的重点，也可以化繁为简，将语言进一步精简。

小结：

在系引阅读的大流程中，第一步是结合《内容概述表》分析这本书的出版信息、作者信息、属性信息、内容信息这四大要素，了解这本书的出版机构、版次印次，作者的国家地区、年代年龄、专业职业，以及书籍定位、书籍类型、参考文献等信息。还需要我们先浏览一遍全书，能够用一句话或一段话就概述出整本书的内容。经此步骤，我们即可以大致区别出这本书是否是当下需要阅读的好书，并对整本书的内容有一个大致了解。

出版作者属性内容四要素，对全书内容形成大概认识。

如何梳理书籍大纲形成自己的框架印象

不结构，无框架。

在个人知识管理中，不对所学知识进行结构化整理，就没法形成个人知识体系的框架。没有框架，知识就是混乱繁杂的，已学的知识没法沉淀而是遗忘，新学的知识没法归纳而是流失。就像衣服很多却没有衣柜一样，既不便于归类收纳，也不便于取出运用。

阅读也一样，仅仅概述整本书的内容并不够，紧接着需要结构化，梳理出大纲框架，方可顺着脉络去庖丁解牛吃透书中内容。书籍大纲，就像身体的骨架一样，起着支撑作用，支撑着整本书的内容；书籍内容，就像顺着骨架生长的血肉，是带动关节运动的力量来源，让作者的思想得以流动起来；书籍文笔，则是外显的表皮，主导着这本书在读者眼里的第一印象，影响着一字一句的阅读体验。

三维立体思维模型梳理结构

大纲梳理需要结合书籍类型，不同类型书籍的大纲对应着不同的结构类型。

结构类型可以分为三个方向三个维度：

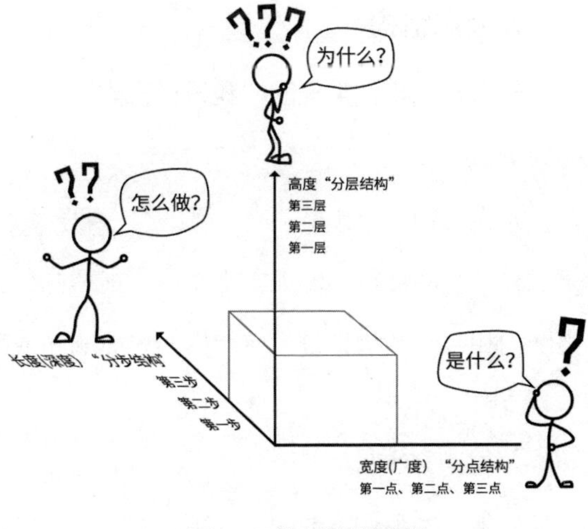

图 2-1 三维立体思维模型

横向在宽度上延伸，对应“分点结构”，是关于“是什么”的问题；纵向在长度上延伸，对应“分步结构”，是关于“怎么做”的问题；竖向在高度上延伸，对应“分层结构”，是关于“为什么”的问题。

分点结构：各构成元素间是横向并列关系，既没有严格的时间顺序，也没有严格的空间顺序。

分步结构：各构成元素间是纵向递进关系，有着严格的时间上的先后顺序。

分层结构：各构成元素间是竖向递升关系，有着严格的空间上的高低层次。

1. 分点结构

分点，如我们常说的“我只讲三点”，以分类结构和空间结构为主。

分类结构，比如第一类、第二类、第三类，第一种、第二种、第三种；空间结构，比如上下左右、前后内外。请注意，上述分类结构和空间结构，是没有严格的先后顺序或高低层次之分的。

2. 分步结构

分步，如我们常说的“这事分三步”，以步骤结构和时间结构为主。

步骤结构，比如第一步、第二步、第三步，第一阶段、第二阶段、第三阶段；时间结构，比如第一季度、第二季度、第三季度，过去、现在、未来。请注意，上述分步结构，是有着严格的先后顺序之分的。

3. 分层结构

分层，如我们常说的“一山更比一山高”，以层次结构和等级结构为主。

层次结构，比如第一层、第二层、第三层，基层、中层、高层，“羡慕嫉妒恨”；等级结构，比如初级、中级、高级，蓝色预警、黄色预警、橙色预警、红色预警。请注意，上述分层结构，是有着严格的高低层次之分的。

通过横向分点、纵向分步、竖向分层的“三维立体思维模型”，我们可以对主流的思维结构进行梳理和分类，同样，也可以对不同类型书籍的大纲结构进行梳理和分类。当然，书籍的大纲结构往往是复杂、庞大的，我们在这里所做的结构分类，是依据不同类型书籍的大纲所呈现的不同结构脉络，进而区分出的不同大纲类型。一本好书，离不开清晰的结构脉络，否则，这本书将很难读得下去、很难读得明白，因为没法形成框架，是散乱无序的。

结合“三维立体思维模型”，对应书籍类型，可以区分出：议论性作品，多为分点结构；应用性作品，多为分步结构；虚构类作品，以分点结构为主，分步结构为辅。

议论性作品以分点结构为主

议论性作品，多为分点结构。例如《高效能人士的七个习惯》（史蒂芬·柯维），七个习惯、七大点之间属于并列关系，既没有严格的时间顺序，也没有严格的空间顺序。

结合《大纲框架表》的分点结构，梳理出七个点（七个习惯）所对应的不同章节，填入《大纲框架表》，如下所示：

观点一：第3章“习惯一：积极主动——个人愿景的原则”；

观点二：第4章“习惯二：以终为始——自我领导的原则”；

观点三：第5章“习惯三：要事第一——自我管理的原则”；

观点四：第7章“习惯四：双赢思维——人际领导的原则”；

观点五：第8章“习惯五：知彼解己——将心比心交流的原则”；

观点六：第9章“习惯六：统合综效——创造性合作的原则”；

观点七：第10章“习惯七：不断更新——平衡的自我更新的原则”。

对照《高效能人士七个习惯》的大纲目录，会发现我们在这里列出的大纲结构少了第1、2、6、11章和附录部分，没关系，我们只梳理和提取出关键的、能代表书籍结构脉络的段落，并且不要求面面俱到、十全十美，只要能清晰地呈现出书籍的整体框架即可。

许多我们熟悉的议论性作品都是分点结构。

如《影响力》（罗伯特·西奥迪尼）六大原理：互惠、承诺一致、社会认同、喜好、权威、稀缺。

又如《沃顿商学院最受欢迎的谈判课》（斯图尔特·戴蒙德）十二大原则：目标至上、最重要的永远是对方、及时做出情感补偿、注意谈判的形势千差万别、循序渐进是最佳方式、用不等价之物进行交易、利用对方的准则、坦诚相对、始终保持顺畅沟通、找到真正的问题所在并将它转变成机会、对差异持包容态度、列一份清单。

还有大量的思维工具也是分点结构，例如金字塔原理之“MECE 法则”、SWOT 分析模型、SMART 原则、波士顿矩阵、心理定价策略、PEST 分析模型、商业模式画布、波特五力模型、5C 理论等。

应用性作品以分步结构为主

应用性作品，多为分步结构。例如《成功教练十步骤》（索菲·奥伯斯特因）：第一步，初步准备工作；第二步，消除自身障碍；第三步，建立教练关系；第四步，深入了解教练对象；第五步，明确训练目标；第六步，一切皆有可能；第七步，各阶段之间加强配合；第八步，视情况调整；第九步，避免止步不前；第十步，结束教练流程。十个步骤属于纵向递进关系，有着严格的时间上的先后顺序。

但是，许多应用性作品，也包含大量议论性的内容，这就需要考虑“主结构”和“辅结构”。例如《演讲的艺术》（史迪芬·E.卢卡斯），作为一部教人如何讲好演讲的书籍，是一本关于“怎么做”的书，所以在这里将其归类为应用性作品：分步为主，分点为辅。

结合《大纲框架表》的分步结构、分点结构，梳理出其中的应用性内容、议论性内容所分别对应的不同章节，填入《大纲框架表》，如下所示：

分步结构：

第一步：“第二部分——演讲准备：起始部分”：第4-7章；

第二步：“第三部分——演讲准备：组织和设计”：第8-10章；

第三步："第四部分——演讲的传达"：第 11-18 章；

分点结构：

"第一部分——演讲与倾听"：第 1-3 章。

在《演讲的艺术》一书中，第 4-18 章中也包含大量的议论性内容，也就是说分步结构中包含大量的分点结构。例如第 14 章、第 15 章，从内容性质的角度看，是关于什么是"告知型演讲"和"说服型演讲"，是关于"是什么"的内容，但是，放在主体的分步大结构中，这两章内容又从属于分步结构的大流程"第三步——演讲的传达"，所以，其本身也属于如何讲好演讲的一个"小步骤"。

通过《演讲的艺术》这个例子，我们是想说明：书籍的大纲结构既具备统一性，可以归类出统一的结构类型，又具备复杂性，经常多种结构交叉在一起，但不管书籍的大纲结构是清晰的一目了然，还是复杂的千头万绪，书籍目录页的大纲是作者的，读者自己梳理出来的大纲才是读者自己的，自己的大纲比起作者的大纲，更容易将书籍的结构框架拆解得直观清晰，因为这是读者自己的思路。

分步结构的应用性作品数量众多。

如《亲密关系——通往灵魂的桥梁》（克里斯多福·孟），亲密关系五大阶段：从"月晕现象"到"幻灭"，再到"内省"

到“启示”，最后到达“灵魂关系”。

又如《销售巨人》（尼尔·雷克汉姆），SPIN 销售模式：先问“背景问题”，接着问“难点问题”，再问“暗示问题”，最后问“需求 – 效益问题”。

还有大量的思维工具也是分步结构，例如金字塔原理之“SCQA 架构”、ORID 焦点讨论法、PDCA 循环、STAR 法则、GROW 模型、8D 工作方法、AIDMA 法则等。

虚构类作品以分点结构为主

虚构类作品（以小说为代表），以分点结构为主、分步结构为辅，以不同的人物为中心，以时间线为辅助。例如《平凡的世界》（路遥）以孙少安和孙少平两兄弟为中心，以中国 70 年代中期到 80 年代中期的十年为背景。兄弟两人两个中心，构成并列关系的分点结构，同时以分步结构的时间线来展开两人各自的故事，从第一部 1975 年起发生的故事线，到第二部 1979 年起发生的故事线，再到第三部 1982 年起发生的故事线。

又如《明朝那些事儿》（当年明月）这本书，以分点结构为主，分步结构为辅。以分点结构的人物为中心，对明朝十七帝、一些关键的王公权贵和小人物的命运进行了全景式展示，同时，以分步结构的时间线为脉络将这些人物串联起来。

下面节选第一部《洪武大帝》时期所发生的故事，结合《大纲框架表》的分点结构、分步结构，梳理出关键人物所对应的章节，填入《大纲框架表》，如下所示：

人物一：朱元璋；第 1-16 章；

人物二：陈友谅；第 8 章；

人物三：胡惟庸；第 17 章；

人物四：蓝玉；第 21 章；

人物五：朱允炆；第 24 章；

人物六：朱棣；第 25-31 章。

无论我们自己梳理出来的大纲好还是不好，只要是我们自己主动动手，就避免不了要去主动思考、钻到书籍内容里去，只有这样，我们才可以把一本好书读得更加透彻。

分层结构对应作品相对最少

分层结构对应的作品最为少见，多为议论性作品。

例如加涅的智慧技能层次理论，将智慧技能分为五个层次：辨别、具体概念、定义性概念、规则、高级规则。“这五种智慧技能的习得存在着层次关系：高级规则学习以简单规则学习为先决条件，规则学习以定义性概念学习为先决条件，定义性概念学习以具体概念学习为先决条件，具体概念学习以知觉辨别为先决条件。这是加涅智慧技能层次理论的核心思想。”（加涅《加涅智慧技能层次理论》）

又如柯氏四级培训评估模式，是世界上应用最广泛的培训评估工具，它将培训效果评估由低到高分为四个层次，构成层次结构，依次是：反应层评估、学习层评估、行为层评估、成果层评估。“以上培训评估的四个层次，实施从易到难，费用从低到高。”（唐纳德 · L. 柯克帕特里克《柯氏四级培训评估模式》）

小结：

结构类型可以划分为“分点结构、分步结构、分层结构”三种。不同类型的书籍对应不同的大纲结构类型。议论性作品，多为分点结构；应用性作品，多为分步结构；虚构类作品，以分点结构为主，分步结构为辅；分层结构对应的作品相对最少，多为议论性作品。只要是我们主动去梳理的大纲结构，不论好坏，都可以帮助我们走进书籍内容，更加深刻地理解书籍内容。

分点分步分层，梳理大纲框架。

如何分析一本书的主旨思想

找准出题意图，答题方向明确。

在学校考试中，出题人在出题时，往往有着自己清晰的出题意图，会针对不同的考点设计出不同的考试题目。如果考生能够摸清出题人的出题意图，那么，在答题的时候就可以针对出题意图给出答案，以免答非所问或者答非重点，从而获得更高的考试分数。

阅读也一样，在阅读中，“写作意图”从属于“写作主旨”。主旨：主要的意义、目的、意图或主张，代表作者想要传达给读者的关键内容。作者想传达给读者的知识点就像出卷老师所参照的考点，因此，清楚作者的写作主旨就显得非常重要。

五个层次的写作主旨

作者在写作时从大到小、从先到后需要考虑五个层次的“写作主旨”，分别是书籍主旨、章节主旨、段落主旨、句子主旨、词汇主旨（如图 2–2 所示）。

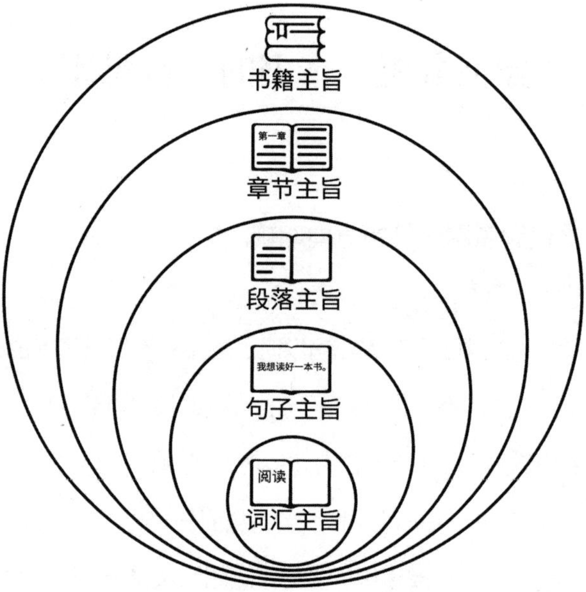

图 2-2 五个层次的写作主旨

五个层次的主旨需要在方向上保持一致，才能保证书籍内容整体上的一致性和顺畅度。词汇主旨支撑句子主旨，句子主旨支撑段落主旨，段落主旨支撑章节主旨，章节主旨支撑书籍主旨。

请注意，一本书的层次有多种组合形式，例如，“书 – 篇 – 章 – 节 – 段 – 句 – 词”“书 – 篇 – 节 – 段 – 句 – 词”“书 – 章 – 节 – 段 – 句 – 词”“书 – 章 – 段 – 句 – 词”。本书采用的层次形式是“书 – 章 – 节 – 段 – 句 – 词”，为了增加对多种形式的兼容性，我们将“章节”合并在一起处理。

其中，书籍主旨呼应了《主动阅读提问表》中的第一大基本问题“主题是什么”，也呼应了前两节“内容概述”和“大纲梳理”的内容。这三个部分的内容，都是从不同角度来诠释整本书的主题，以帮助读者更好地理解书籍：《主动阅读提问表》侧重于问题视角，通过提出问题来让读者重视书籍主题，带着主题来阅读手中的书；“内容概述”侧重于内容视角，通过对全书内容的概括来简要诠释“主题是什么”；“大纲梳理”侧重于框架视角，通过对大纲框架的梳理来呈现出主题的论证结构，也就是《主动阅读提问表》中的第二大基本问题“论证是怎样”。而在这一节的“书籍主旨”，侧重于意图视角，代表作者透过一本书想要传达给读者的重点是什么。

《主旨分析表》针对“书籍主旨、章节主旨、段落主旨、句子主旨、词汇主旨”这五个层次的“写作主旨”，列出了常见的“主旨问题库”，可以帮助我们分析作者在书中向读者所提出的大大小小的主旨问题。大小层次主旨的问题可能是同一个或类似的几个问题，但大层次主旨是小层次主旨的基础，小层次主旨是为论证大层次主旨而服务的。只有找出“大小主旨”所对应的问题，才可以大幅提升我们在阅读的过程中，抓取关键章节、关键段落、关键句子、关键词汇的敏感度，进而不会错过书中的关键内容。

许多时候，我们感慨自己在阅读的过程中总是感知不到重点，原因就在于：从一开始翻开一本书的第一页，就不知道作者的“写作主旨”是什么。我们以《30天学会绘画》为例，分析其“写作主旨”所对应的主旨问题。首先浏览全书，梳理大纲结构，确定该书类型为“应用性作品”、框架为“分步结构”，接着，在《主旨分析表》中找出所对应的“主旨问题库”：“行动的先后顺序是什么？在行动中需要注意什么技术要点？需要重点做好哪几步？有什么关键的方法技巧？”

大主旨是小主旨的基础，知道了书籍主旨所对应的问题，也就知道了章节主旨、段落主旨、句子主旨、词汇主旨所对应的问题。二者的区别在于小主旨的问题会比大主旨的问题更加细致具体。

例如，《30天学会绘画》包含十四章十四个步骤，每个章节对应一个步骤，大纲如下：

步骤一——球形

步骤二——重叠的球

步骤三——更多排列的球

步骤四——立方体

步骤五——空心立方体

步骤六——堆放的桌子

步骤七 —— 堆放更多的立方体

步骤八 —— 好爽的考拉

步骤九 —— 玫瑰

步骤十 —— 圆柱体

步骤十一 —— 互相重叠的圆柱体

步骤十二 —— 用立方体构建物体

步骤十三 —— 相连接的房子

步骤十四 —— 百合花

从大到小：书籍主旨对应“30 天学会绘画要怎么做？”，章节主旨对应“30 天学会绘画的步骤流程是什么以及每一步怎么做？”，段落主旨对应“30 天学会绘画的某一步骤所包含的若干动作怎么做？”，句子主旨对应“某一步骤里的某一个动作需要注意什么技术要点？”，词汇主旨对应“这是最适合诠释某个技术要点的专业词语”。

六对范畴的主旨问题

在前面一节，我们学习了“三维立体思维模型”，该模型不仅可以将书籍的大纲结构分类整理，也可以将思维工具分类整理，同样，在这里，也可以将主旨问题分类整理。

在分点结构下，对应“是什么”的问题，常见的主旨问题有：

1. 有无

某人事物真实存在吗？某人有什么事迹？人事物有什么特点？事物产生的原因是什么？目的是什么？在什么因素、背景、情况下产生的？带来哪些影响？有什么结果？

关键词是“有无”，请看下面的例子。

“有些人也许并不认识对方或并未询问任何有关对方的情况，但却称对方为‘兄弟’‘姊妹’或‘自己人’。这是想表明双方有共同点，但双方也许并没有任何共同点。你不能只看外部因素，事实上，你必须设法搞清楚他们之间是否真的有联系。否则，这也许又是一个操纵策略，就像这句话所说：‘我们是一样的，所以请为我做些事吧。’”（有无“共同点”）

“很多人痛恨变化，痛恨差异。一些公司声称他们热爱多样性和差异。但是，在很多公司里，努力倡导变革就像一张单程车票，前途未卜。然而，正是差异带来了价值的增长，差异当中蕴涵了无穷的力量。”（有无“热爱多样性和差异”）

“让我们来看一个涉及商业情境的例子，该例子中所出现的情况在我的学员们身上时有发生。”（有无“在我们身上发生”）

上述文字引用自《沃顿商学院最受欢迎的谈判课》（斯图尔

特·戴蒙德）第八章“正确处理文化差异”，接下来的案例，我们将继续引用这一章中的段落句子，以统一案例来源，方便大家查阅原书，结合上下文去详细分析。

2. 异同

与相关的人事物对比有哪些相同点、不同点、可以创新的点？

关键词是“异同”。

“我认为我们有一些共同之处，我们都希望能让自己和孩子过上更好的生活。如果我们共同努力，我们也许能一起做一些事情。”（“都希望”是“同”）

“一般人认为我和他们没有任何共同之处。我不会说他们的语言，不懂他们的风俗习惯，但是，我们却跨越了时间、空间和文化建立起了一种联系，并一直持续到现在。”（“不会、不懂”是“异”，“联系”是“同”）

“解决跨文化问题的过程与解决其他谈判问题的过程相同，只不过前者在观念上的差异要更大一些，因此所花的时间通常要更多一些。”（“过程相同”是“同”，“观念差异”是“异”）

“听说理论是一回事，将自己置于对方的位置进行实践完全是另一回事。”（“一回事、另一回事”是“异”）

在分步结构下，对应“怎么做”的问题，常见的主旨问题有：

在分步结构下，对应“怎么做”的问题，常见的主旨问题有：

3. 轻重

在行动中需要注意什么技术要点？需要重点做好哪几步？有什么关键的方法技巧？

关键词是“轻重”。

“显然，如何与来自另一种文化的人们进行沟通，如何理解他们的行为，如何询问有关他们的看法，是关键所在。”（“关键所在”是“重”）

“向对方提供资料、和对方争辩、增加可能无关紧要的更多好处（如工资），这一切通通没有意义。要让对方看到一个画面，激发他们的想象力，拨动他们的那根心弦。”（“资料、争辩、无关紧要的好处”是“轻”，“画面、想象力、心弦”是“重”）

“这个例子说明，要想克服看上去似乎极其巨大的文化差异，就必须找出对方脑海中的想法并予以正确对待。”（“必须”是“重”）

“这里有两个关键的谈判技巧需要引起你的注意，一个是关注他们的利益（需求），另一个是找出对他们有影响力的第三方。”（“关键、注意”是“重”）

4. 快慢

行动的先后顺序是什么？人事物发展的时间顺序是什么？

关键词是“快慢”。

“行动时要采取循序渐进的方式。跨越文化通常意味着要跨越巨大的鸿沟。将谈判分解成一个个的小步骤，一次前进一步。如果对方犹豫推诿，就将步子迈得再小些。”（“循序渐进”是“快慢”）

“让我们先将他们的部分需求（利益）列一份清单：获取利润、吸引最优秀的人才、树立创新形象、具有社会意识、实现国际化、充满竞争力、关注长远利益以及富有协作精神。接下来是第三方：股东、员工、客户、美国合作伙伴、公众、竞争对手、董事会、媒体以及同事。完成这项工作之后，我们就能找到方法对形势进行重新构建。”（“先、接下来、之后”是“快慢”）

改善关系的第一步是与对方进行有效沟通：了解他们所发出的信号，尤其是当他们来自另一种文化。（“第一步”是“快慢”）

在分层结构下，对应“为什么”的问题，常见的主旨问题有：

5. 对错

什么是对的？什么是错的？怎样做是对的？怎样做是错的？对在哪儿？错在哪儿？对错标准如何判定？

关键词是“对错”。

“太多人在谈论这些话题时都是有口无心、随意敷衍——他们会问上几个问题,但却无意去听对方的回答,然后就迅速将话题转移到商业上。可是,你对对方是否真的感兴趣,他们是能够感受到的。因此,你必须态度端正,不能口是心非。”(“有口无心、随意敷衍”是“错”,“态度端正、不口是心非”是“对”)

“你要公开承认双方存在差异。如果你和对方之间存在差异,或至少被认为与对方之间存在差异,那么,你对此越是坦诚,就越会赢得对方的信任。即使对方指出你对他们的了解还不够充分,你可以向他们表示歉意,并表示你愿意从现在开始做起。人们首先看重的就是坦诚。”(“要承认差异、可以表示歉意”是“对”)

“正如我已经提到的,问题是分析的起点,而不是终点。”(“是”是“对”,“不是”是“错”)

“跨文化中介的职责不是去解决问题,而是去帮助双方进行沟通。其目的是帮助双方理解彼此的看法,发送信号并增进了解。”(“不是、而是、是”是“对错”)

6. 好坏

优点是什么?缺点是什么?怎样做可以更好?怎样做会更糟糕?好在哪儿?坏在哪儿?好坏标准如何划分?

关键词是“好坏”。

“一些聪明的公司就是这样做的。这样做会大大减少不信任和沟通问题，增强团队意识，提高生产力。”（“减少、增强、提高”是“好”）

“事实上，如果你已经很流利地掌握了对方的语言，这也许对你并不利，因为对方文化中的人们往往会误以为你在其他文化事项方面同样‘流利’。换句话说，他们对你犯错误的宽容程度实际上会因此而降低。”（“不利、降低”是“坏”）

“研究显示，就一家拥有 2000 名员工的公司而言，如果它对差异持不欢迎态度，仅额外的人事变动一项，其成本每年就高达 500 万美元，这还不算因失去更好的主意而产生的机会成本。这真是一笔巨额的经济惩罚。”（“成本、惩罚”是“坏”）

“尝试新事物、由于意见分歧而导致关系紧张、将各种绝妙主意进行综合整理，正是这纷繁芜杂的过程赋予了差异极高的价值。通常，错误在所难免，有时候，感情还会受到伤害，但结果却是得到更多。”（“赋予价值、得到更多”是“好”）

“有无、异同，轻重、快慢，对错、好坏”这六对范畴，可以作为我们整理主旨问题时的分析线索。

在《主旨分析表》中，书籍主旨、章节主旨、段落主旨、句子主旨、词汇主旨，层次由大到小，层次越大，所包含的主旨问题越大，可以拆分出的细小问题越多。比如书籍主旨、章节主旨、段落主旨的层次较大，所对应的问题可以同时拆分出“是什么？怎么做？为什么？”三大方向中的多个细小问题，比如上述案例中的许多段落里就包含多个细小问题，这就需要读者去区分出“哪些问题是作者主要解答的、哪些问题是作者次要解答的、哪些问题是作者先回答的、哪些问题是作者后回答的”；而句子主旨、词汇主旨的层次较小，则可能只对应单一的一个问题。

在阅读的过程中，对作者的各个层级写作主旨，应该保持时刻分析的习惯，分析得越多，对书中关键信息的敏感度就越高，抓取书中重点内容的精准度就越高，对书籍的理解程度就越高。

小结：

主旨：主要的意义、目的、意图或主张，代表作者想要传达给读者的关键内容。作者在写作时从大到小、从先到后需要考虑五个层次的写作主旨，分别是书籍主旨、章节主旨、段落主旨、句子主旨、词汇主旨。在《主旨分析表》中，“三维立体思维模型”及其六对范畴可以帮助我们分类整理出大大小小的主旨问题。

写作主旨五个层次，主旨问题六对范畴。

《系引阅读表》案例解析

一张表单，一言蔽之。

《系引阅读表》帮助我们快速概述一本书，知其大概。

填写《系引阅读表》有三大步骤：概述书籍内容－梳理书籍大纲－分析写作主旨。

在阅读中，可以通过“形式笔记”和“内容笔记”来辅助主动阅读，通过“虚构类书籍”和“论说类书籍”来将书籍分门别类，以我手中这个版本的《影响力》一书为例。

第一步：概述书籍内容。

书籍内容包含出版信息、作者信息、属性信息、内容信息。

1. 出版信息

先看出版信息，包含出版机构、版次印次。

出版机构：某 A 股上市公司旗下综合性出版社，说明出版机构实力雄厚，值得信赖。

版次印次：出版时间为 2010 年 9 月第一版，印刷时间为 2014 年 12 月第 20 次印刷，说明是首版书籍，销量大，多次印刷。

2. 作者信息

接着看作者信息，包含国家地区、年代年龄、专业职业。

国家地区：美国。

年代年龄：1945 年生。

专业职业：著名社会心理学家，影响力公司（INFLUENCE AT WORK）总裁，全球知名的说服术与影响力研究权威，先后取得北卡罗来纳大学、哥伦比亚大学的博士学位并从事博士后研究工作，曾在亚利桑那州立大学担任心理学教授执教多年，现为名誉退休教授，说明作者的专业、职业与作品一致。

作品译者：闾佳。彼得·德鲁克管理学系列、[英] 里德利《理性乐观派：一部人类经济进步史》等书籍均由其翻译，资深翻译家。

3. 属性信息

再看属性信息，包含书籍定位和书籍类型。

书籍定位：经典书。该书是有史以来最重要的关于说服力的书籍，全球销量超过300万册，被翻译成26种文字广为传播；内容被引用率高居当今社会心理学著作之冠；《财富》杂志评选的75本必读的最睿智图书之一。

书籍类型：论说类－议论性作品，议论为主，应用为辅。

4. 内容信息

最后看书籍的内容信息，包含参考文献和概述全书。

参考文献：我手中这个版本的《影响力》没有列出参考文献。大多数书籍都会在末尾处列出参考文献。

概述全书：这本书告诉我们影响力的六大原理“互惠、承诺和一致、社会认同、喜好、权威、稀缺”是什么、如何发生作用及如何为我们所用。

第二步：梳理书籍大纲。

结合“三维立体思维模型”及其分点、分步、分层结构，可知这本书的内容以分点结构为框架。

概念一：第1章“影响力的武器”（定义“影响力”这一概念）；

概念二：第2章“互惠”；

概念三：第3章“承诺和一致”；

概念四：第 4 章“社会认同”；

概念五：第 5 章“喜好”；

概念六：第 6 章“权威”；

概念七：第 7 章“稀缺”。

第三步：分析写作主旨。

借助“有无、异同、轻重、快慢、对错、好坏”这六对范畴来分析“书籍主旨、章节主旨、段落主旨、句子主旨、词汇主旨”这五大写作主旨。因为系引阅读法是快速浏览一本书，不适合去深度分析“段落主旨、句子主旨、词汇主旨”，所以，在系引阅读表中，我们可以只填入“书籍主旨、章节主旨”。

书籍主旨：拆解影响力高手们的招数（是什么），让读者们学会如何保护自己以及如何运用书中的六大原理（怎么做），进而提升影响力并获得更大的成功（为什么）。

章节主旨：

第一章：影响力的武器。主旨：什么是影响力以及影响力的威力。

第二章：互惠。主旨：互惠原理的心理基础是什么、如何运用该原理、如何拒绝受其影响。

第三章：承诺和一致。主旨：承诺和一致原理的心理基础、如何运用、如何拒绝。

第四章：社会认同。主旨：社会认同原理的心理基础、如何运用、如何拒绝。

第五章：喜好。主旨：喜好原理的心理基础、如何运用、如何拒绝。

第六章：权威。主旨：权威原理的心理基础、如何运用、如何拒绝。

第七章：稀缺。主旨：短缺原理的心理基础、如何运用、如何拒绝。

请注意：因为《影响力》这本书的内容，在结构上设计得既巧妙又统一，这才降低了我们在系引阅读中分析其章节主旨的难度。在阅读实践中，只有多运用《主旨分析表》去分析不同书籍的大小主旨，才能熟能生巧、驾轻就熟。

将以上内容填入《系引阅读表》，一步一步揭开一本书的神秘面纱，是我们快速概述一本书的路径图，也是打开一本书的起跑阶段，为接下来更加剧烈的智慧激荡做好铺垫。虽然暂时不能走进她的内心，但始于颜值的心跳依然充满美好，毕竟相由心生，恰似一本书的外在气质依然来自其内容内涵。

系引阅读三步骤，输出《系引阅读表》。

第三章 系统解读一本书，一探究竟

起跑之后，需要通过提高步长、步频来加速跑，加速跑是长跑成绩好坏的关键阶段。

第三章即是阅读的“加速跑阶段”，通过系统阅读法，我们开始深入解读一本书。

如何通过词汇翻译与作者达成共识

词汇共通，共识基础。

人与人之间的沟通，以相互理解的词汇为基本要素，如果彼此所使用的词汇没法共通，就很难理解对方的言语，或者容易误解对方的言语，甚至就像不会外语的人同外国友人交谈时一样，只见对方说话，却不知话中意，因为词汇不同，意义不通。

词汇共通，也是情侣间“共同语言”的基本元素，拥有共同语言的情侣，在言语中会出现大量相近或相同的词汇，包括核心词汇、常用词汇，这是两个人性格、经历、学识、习惯、爱好、素养等诸多方面相近或相同的体现，会带给情侣双方触电般的感觉，也就是传说中的“缘分”。

同样，在阅读中，词汇共通也是作者写清楚、读者读清楚，双方达成共识的基本要素。如果作者选用的词汇，读者无法理解或者有歧义，作者与读者之间就很难达成共识，对于作者来说，就很难写得明白，对于读者来说，就很难读懂书籍。

词汇，由字、词、词组构成。在汉语中，词汇是《现代汉语词典》的主体元素。

要实现词汇共通，需要两大步骤：找出核心词，翻译达共识。

找出核心词

一本书中的大多数词汇都是我们在日常的工作生活中经常使用的、熟悉的，是大家彼此都能无障碍交流共通的，所以，作者所使用的词汇大多数都不重要，只有当作者以特殊的方式来运用一些词汇时，这些特殊的词汇对于读者来说就显得非常关键。

核心词汇可以分成三大类：高频词汇、专门词汇、高难词汇。

1. 高频词汇

在全书各章节内容中频繁出现的特殊词汇，甚至出现在书籍的目录大纲、内容简介里，这样的词汇更加贴近书籍主题、大小主旨，如在本书里频繁出现的“有效阅读、主动阅读、主动提问、主题、主旨、系引阅读法、系统阅读法、系列阅读法”等词汇。

2. 专门词汇

不同的领域、时期、作者，有着不同的专门词汇，一个专门词汇往往对应着一个专门概念。专门的多半是关键的，比如在几何学领域，有着“点、线、面、体、角、平行线”等专门的词汇，这些专门词汇弄不懂，几何学就学不下去。又比如随着互联网崛起，出现了“粉丝、流量、运营”等新媒体专门词汇。当然，在本书里的“系引阅读法、系统阅读法、系列阅读法”等词汇也属于独家的专门词汇。

3. 高难词汇

关键的词汇经常让读者感到头疼。其一，是因为专门概念难以理解；其二，是因为读者在阅读的时候能够感知到这些词汇的重要性，一词不懂，导致一句话不懂，乃至一段话不懂，所以，这些令人头痛的词汇，就像横亘在阅读闯关路上的一道道关卡一样，让读者陷入了既绕不开又解不开的两难局面。

在系引阅读中，可以“不求甚解”，到了系统阅读，得“多求甚解”。解，解决问题，理解知识，无解就无进步。好比三岁开始读《论语》，只是识字断句和背诵，对书中内容懂得不多，到成年以后，还能以这样的标准来要求自己吗？社会竞争要求我们精益求精。

对于难度远大于我们当前理解力水平的书籍，可先以系引阅读法知其大概，随着理解力的提升，再以系统阅读法重读并一探究竟。再读，不仅仅会懂得更多，更会有不一样的阅读体验和感悟。

翻译达共识

找出核心词只是第一步，还需翻译词汇，从词义上与作者达成共识。翻译词汇，需要结合上下文自己已经了解的字、句、段落，来推理出不理解的那个词汇的词义。

1. 区分同词词义

首先，需要区分出是“一词一义”还是“一词多义”，如果是一词多义，应该取多个意义中的哪一个词义。

一词一义，例如几何学中的“点、线、面、体、角、平行线”等词汇，都是一个萝卜一个坑，一个词对应一个词义。

一词多义，例如在本书里，“阅读”一词，有时候是指主动阅读，有时候是指系引阅读，有时候是指系统阅读，有时候是指系列阅读。这就需要结合上下文的内容来具体分析，分析出到底是取哪一个词义，尤其是将“作者用意”从词汇本身多个意义中单独提取出来，定位出“作者用意”。

一些词语的含义会随着时代的变迁而变化。例如，“相亲”旧时是由父母长亲代表孩子包办，与孩子无关，现在则以男女当事人自己见面自主决定为主。所以，在阅读不同时代的作品时，也需考虑词义的时代变化。

2. 区分同义词汇

其次，还有同义词汇的问题。同义词包含“等义词”和“近义词”两种。

等义词，不同词语的意思完全相同，例如湖北省和鄂、清华大学和清华、爸妈和父母。

近义词，是指不同词语的意思相近但不完全相同，例如优和良，美好和美妙，同意和认同，演讲、讲演和演说等。

除了少数作品，例如在几何学作品里可以频繁地、重复地出现“点、线、面、体、角、平行线”等专门词汇，在大多数作品中，如果大量的词汇不断地重复出现，会显得既别扭又枯燥，所以作者会选择用同义词汇来交替出现在段落语句中。

一词多义与同义词汇是两种截然不同的情况，但请注意：一词多义，意味着作者虽然多次使用同一个词语，却不一定都是用的同一个词义；同义词汇，意味着作者虽然更换了字词，但不一定就是更换了词义。

在第一章第一节“阅读的两类目标”的内容中，我们提到：在理解力之下的多属于信息，在理解力之上的多属于知识。一本书，之所以能带给读者新的知识启发，正是因为这些不能一读就懂的词汇、句子、段落。这会使得读者不得不去主动思考、主动阅读，以理解和消化这些知识，从而与作者达成共识。

每一位作者都有着属于自己风格的词汇体系。如“梦想、能量、奇迹、命运”等这类“鸡汤文”、成功学中经常出现的词汇，与“像、比如、一如、好似、仿佛”等广泛出现在钱锺书先生《围城》一书里的词汇，就是两种截然不同的词汇风格。

我们可以尝试，用“梦想、能量、奇迹、命运”这些词汇，写出一篇文章来，看看自己如何下笔，以及写出来的文章是什么风格；再用“像、比如、一如、好似、仿佛”这些词汇，写出一篇文章来。风格差异，一写便知。前者文风空洞，辞藻华丽；后者文风简约，却饱含大量精彩的修辞手法。

引用《围城》开篇第一段话，我们可以感受一下钱锺书先生的文字风格。每当我打开这本书读到这令人神往的第一段话，都会忍不住想要再读一遍全书。

“红海早过了，船在印度洋面上开驶着，但是太阳依然不饶人地迟落早起，侵占去大部分的夜。夜仿佛纸浸了油，变成半透明体；它给太阳拥抱住了，分不出身来，也许是给太阳陶醉了，所以夕照晚霞隐褪后的夜色也带着酡红。”

许多优秀作品在一字一句间都散发着美感，值得反复品读，回味无穷。建议大家可以在晚上睡觉之前，以“字读”的阅读方式来朗读诗歌，培养“字感”。“字感”优秀的读者，拿起一本书，大致翻阅一遍，感知一下这本书的词汇体系，即可评估出这本书的可读性，并且八九不离十。

小结：

在阅读中，词汇共通，是作者写清楚、读者读清楚，双方达成共识的基本要素。要实现词汇共通，需要两大步骤：找出核心词，翻译达共识。找出核心词，主要分为三类：高频词汇、专门词汇、高难词汇。翻译达共识，需要区分同词词义、同义词汇。

找出核心词翻译达共识，两大步骤实现词汇共通。

如何抓取并串联书中的关键句子

好看的句子千篇一律，有料的句子万里挑一。

唯美华丽的句子很多，内涵精准的句子不多。

区分句子

在第一章第一节“阅读节奏个性化”的内容中，我们提到：

阅读大多数类型的书籍时，读者一般采用的是“一目一行”的“行读”。“一目一页”的“页读”速度偏快，“一目一字”的“字读”速度偏慢，“一目一行”的“行读”速度适中。

“行读”的阅读速度是以句子为单位，而非页面或字词。通常，我们在“一目一行”的阅读过程中，并不是一路顺风顺水，既有速度快的时候，也有速度慢的时候。快的时候一目一行甚至多行，就像在高速公路上畅通无阻；慢的时候视线会停滞不前，就像高峰期在市区遭遇堵车停留不前一样。

但请注意：视线停留并不意味着就是在思考，停留也可能是因为沉迷。我们容易沉迷在感兴趣的、能带给自己新奇感的句子上面，尤其是杜撰的、空想的、空洞的、华丽的、非常态的、断章取义的、有悖于权威的，却能让人感到惊心动魄或者如梦如醉的句子。

相对而言，在理解力之上的富含知识的句子带给人的往往先是困惑。这些困惑，解不开，随之而来的是无力感和失落，解开了才是充实感和激动，但是，阅读的一部分本质工作，就是在阅读的过程中感知到困惑，并解决困惑。困惑是智慧的开端，没有困惑，就说明在阅读中没有主动思考。因为缺少思考，所以不知困惑之所在，不知困惑，也就没有解惑。

一本书，有些句子一读就懂，有些句子却难以理解。虽然句子的难度与关键度之间没有直接关系，但从概率上看：这些一读就懂的句子，多是占比更大的普通句；这些难以理解的句子，多是包含主要意义、起到主导作用的关键句。

抓关键句

抓取关键句，是读者要替自己做的工作，不主动，难收获。

可以遵循以下四条线索来抓取关键句：置顶标示、找关键词、论证线索、阐述主旨。

1. 置顶标示

有些作者会将关键句直接置顶为“章节引言”，或者是段落第一句，或者干脆自成一个段落，或者作者会主动给这些句子加粗、加破折号、加双引号、加下划线，或者使用不同字体，以起到提示作用，方便读者识别出关键句。

2. 找关键词

呼应前面一节“如何通过词汇翻译与作者达成共识”的内容，我们可以通过“频率最高、专门词汇、头痛的词”来找出核心词汇。句子由词汇组成，当句子包含关键词时，句子成为关键句的可能性大大增加。

3. 论证线索

从内容编排上讲，一本书的内容主要是为了论证这本书的大小主题。

呼应《主动阅读提问表》中的第二大基本问题“论证是怎样？”，不同的书籍类型对应不同的论证形式，在主体上可以细分为：

议论性书籍 —— 主要观点哪几个？

应用性书籍 —— 方法流程哪几步？

虚构类书籍 —— 关键故事哪几件？

历史性小说 —— 政经文人哪条线？

既然是论证，就少不了承上启下的论证线索。

议论性书籍——主要观点哪几个？常见线索：“因为……所以……”“请注意”“意味着”“因此”“但是”“于是”“进而”“然而”“故”“则”等；

应用性书籍——方法流程哪几步？常见线索：“方法”“步骤”“流程”“方案”“措施”“先……接着……最后……”等；

虚构类书籍——关键故事哪几件？常见线索：“转折”“意外”“多年以前”“多年以后”“从此以后”“影响某人一生”等；

历史性小说——政经文人哪条线？常见线索：“从政治上

讲”“带给经济的影响”“孕育了……文化”“特殊人物”“关键人物”等。

作为承上启下的论证线索，其前后往往伴随着关键句。这些关键句，往往意味着人物事件、情感情绪、观点逻辑、行为行动等的过渡、转折或总结，所以，重视论证线索，有利于提升我们在阅读过程中对关键句的感知力和识别力。

4. 阐述主旨

主旨：主要的意义、目的、意图或主张，代表作者想要传达给读者的关键内容，是作者对读者沟通的核心内容，所围绕的是“是什么？怎么做？为什么？”三大哲学问题。

在《主旨分析表》中，我们列出了大量的主旨问题，当作者用句子来直接回答并阐述这些主旨问题时，这样的句子往往就是关键句，并且，在许多阐述主旨的关键句之前，作者经常会先主动抛出一个主旨问题，在结构上组成“主旨问题 + 阐述主旨”的形式。比如，为什么会这样呢？有什么不同点呢？在行动中需要注意什么呢？这样做的优点是什么呢？结果如何呢？等。紧接着这类主旨问题的是作者的回答，这些答案多半是作者在阐述主旨的关键句子，属于主旨句。

举个例子，以下内容引用自《卓有成效的管理者》（彼得·德鲁克）第四章“如何发挥人的长处”第一节“要用人所长”：

“为什么‘因人设事’不能解决问题呢？是因为组织中任何一个职位的变更，都会造成一连串的连锁反应。组织中的职位都是相互联系、相互依存的，牵一发而动全身。我们不能为了替某人安插某一个职位，而使组织中的每一个人都受到牵连。因人设事的结果，是为了安插某一个人，一大群人都受到连累。

我们要坚持因事用人而非因人设事，还有一个微妙的原因（为什么？）。因为只有这样，我们才能为组织提供所需的各种人才，也只有这样，我们才能容忍各色人等的脾气和个性。能容忍这些差异，内部关系也才能保持以任务为重心，而非以人为重心。衡量成就的高低，应该按照贡献和绩效的客观标准。只有在职位的设计和划分不以人为中心时，这种衡量才有可能。不然的话，我们就会只注意‘谁好谁坏’，而忽略了‘什么好什么坏’。用人的时候，我们也会仅考虑‘我喜欢这个人吗’或‘这个人能用吗’，而不会考虑‘这个人在这个职位上，是不是能干得非常出色’。

因人设事的结果，是必将产生恩怨派系，组织绝对不能出现这种情况。人事的决策，要凭公平和公正，否则就会赶走了好人，或破坏好人的干劲。同时，组织也需要各方面的人才，否则将缺乏改变的能力，也将难于得到正确的决策所需的不同意见。”

抓取关键句需要训练。大量的阅读实践，伴随主动的思考分析，才会对书中的关键句越来越有感觉。

警惕金句

需要注意的是：关键句子与时下流行的“金句”是两码事。作者主动摘取自己的某些句子、认定其为“金句”，并推广自己的“金句”。这种主动造“金句”、刻意为之的文字，比较容易去为了“金句”而造“金句”，会注重华丽辞藻、注重语句形式，而忽视知识、忽视逻辑、甚至忽视语法。而且，一般而言，写就经典名著的作者本人是不会主动说自己的哪几句话是“金句”的。

“金句”是由读者自发认定的，而非作者主动认定的。例如，《论语》是孔子及其弟子的语录结集，几乎句句都是经典，被后世奉为圭臬，但如果孔子本人主动站出来说自己的语录里哪几句是“金句”，想一想，这会是一幅多么尴尬的画面。越单纯的文字越美丽。

串联句子

串联句子，包含两大步骤：摘录随笔、串联逻辑。

1. 摘录随笔

筛选出关键句后，为方便集中思考与理解，可将其摘录至《系统阅读表》。摘录关键句，需一一对应其在书中的先后顺序，这样可以最大化地保留作者的逻辑结构，为后续的串联逻辑做好准备。在关键句旁随手写下自己的感想与见解，可以帮助我们记录感悟、加强理解。

消化关键句好似啃硬骨头，攻克一道道关键句难关后，也就离书籍大本营里的知识精髓越来越近了。

2. 串联逻辑

摘录随笔是找出一个章节或前后章节里的关键句并诠释关键句，先理解了每个章节里的关键句，才能串联出作者的章节逻辑线，继而掌握章节内容；再将前后章节内容串联，进而掌握书籍内容。

串联逻辑是梳理并串联前后关键句之间的逻辑关系，提炼出三条逻辑线：

分点结构下的“是什么”逻辑线（是什么？包含几个观点、具备几个特点）；

分步结构下的“怎么做”逻辑线（怎么做？前后几个步骤）；

分层结构下的“为什么”逻辑线（为什么？因为可以让事情更对、更好、更高）；

或者是包含三条逻辑线的完整论述逻辑，即兼顾“是什么－怎么做－为什么”（三条逻辑线的构成比重好似“三角形”，三条线结成三角形，边线有长有短，角度有大有小）。

以上是论说类书籍里的逻辑线。逻辑线在虚构类书籍里的呈现形式，多为分步结构下前后起承转合的故事线、感情线。如在《活着》（余华）一书里，地主少爷福贵赌光家业一贫如洗、福贵被抓壮丁、母亲生病去世、女儿变成哑巴、妻子患上软骨病、儿子为救县长夫人抽血过多而亡、女儿产后大出血死在手术台上、妻子去世、女婿二喜被水泥板夹死、外孙苦根吃豆子撑死，生命里难得的温情被接二连三的死亡撕扯得粉碎，只剩得一头老牛陪伴着老了的福贵坚韧地活着。至亲的先后离世，即为本书的故事线。

串联就好比将一颗颗由关键句构成的珍珠用线串成一条逻辑项链。“金句”往往是没法串联的，因为有逻辑的句子烧脑却不撩心，比较难以被选入“金句”库。

小结：

唯美华丽的句子很多，内涵精准的句子不多，需要我们去区分句子，区分“普通句”和“关键句”。抓关键句可以遵循四条线索：置顶标示、含关键词、论证线索、阐述主旨。在抓关键句时需警惕“金句”。通过“摘录随笔、串联逻辑”来串联句子，即可串联出作者的逻辑线，进而掌握书中内容。

区分并抓取关键句，串联还原作者逻辑。

如何提炼总结一本书所带来的阅读收获

有问有答，开花结果。

在《主动阅读提问表》《系引阅读表》《系统阅读表》《系列阅读表》中，我们提出了大量问题，带着这些问题去阅读，可以增强阅读的主动性，主动思考得越多，收获越多，但是，一个问题就好似一粒种子，主动提问，只是播下了种子；评估问题，找到答案，明示启示，才是开花结果。

评估问题

站在作者的视角，作者想要解决的问题，从大到小依次是书籍主旨、章节主旨、段落主旨、句子主旨、词汇主旨，对应《主旨分析表》中大大小小的主旨问题。小主旨支撑大主旨，解答小主旨的小论述，支撑、解答大主旨的大论述，层层递进，最终解答出书籍主旨这个最大的问题，也是对书籍主题的完整诠释，但是，作者有没有成功解答出这些问题、答案是不是读者所需，需要读者去主动思考评估。也许在作者眼里自己已经尽力而为，但不一定给出了读者所需要的答案，抑或是作者的论述与解答堪称完美，但读者并没有读懂这本书、没能明白作者的用意。

好书因为解决了作者想解决的问题、满足了读者想满足的需求而被人称赞。

明示启示

评估问题并找到了自己所需要的答案，接下来，不能止步于答案，我们需要继续往前推进一步：明示启示。

答案并不等于启示。在学习生涯中，我们会参加大大小小的各种考试，能在试卷上填满答案，并不代表我们获得了工作生活所需要的启示。一本书带给我们哪些启发，比知道问题的答案更能体现出这本书的价值。答案若不能与我们的成长联系在一起，答案近似于归零。

呼应《主动阅读提问表》第四问“启示有什么？”。阅读启示，可以细分为四个问题：

忘不了什么事件事例?

触动了什么情感情绪?

收获了什么理解见解?

掌握了什么方法办法?

1. 忘不了什么事件事例?

“事件事例”属于客观性层面，客观事物行为事实（我发现），一般是指书籍中带给读者印象深刻的人、事、物，关键字是“事”。如读完《活着》一书，忘不了书中福贵至亲一一离世的坎坷经历。

这些人、事、物因为触动了我们某根心弦而令人难以忘怀，当以后的某个时刻再次遇见同样的人、事、物时，此前同样的印象会带来一种惯性的力量，甚至导致我们下意识的思考或者行动，以至于影响到我们的意识和行为，所以，明示忘不了什么事件事例，既可以帮助我们避免类似的不好的事件再次发生，也可以预见当身处类似事件中时自己会倾向于做出何种反应，从而更好地指导我们的意识行为。

2. 触动了什么情感情绪？

“情感情绪”属于反应性层面，内心产生什么感觉（我感到），一般是指书籍中的人、事、物，带给读者哪些情绪反应，比如开心、失望、激动、好奇、恐惧、期待等，关键字是“情”。如读完《平凡的世界》一书，深受感动，为主人公孙少安、孙少平自强不息的精神所折服。

工作生活中的人、事、物，会给我们带来情绪反应，阅读中的人、事、物，同样会给读者带来情绪反应。阅读好书可以大大提升我们的情绪商数，也就是“情商”。人与人之间的“情商”并没有明显的先天差别，更多的是与后天的培养息息相关，而阅读好书，则是我们后天获得“情商”的阳关大道。因为好书重视论述，会把情绪的来龙去脉、前因后果交代得清清楚楚，这样就不会出现大悲大喜的极端情绪，更加不会出现莫名其妙的没有缘由的情绪噪音，让情绪变得可以理解、可以控制，从而提升我们与自己相处、与他人相处以及理解世界的能力，所以，明示被触动到了什么情感情绪，可以帮助我们去感知情绪、区分情绪、理解情绪，进而调控情绪。做情绪的主人，不做情绪的奴隶。

3. 收获了什么理解见解？

“理解见解”属于诠释性层面，对于事物主观解释（我认为），一般是指书籍中的人、事、物、观点、概念、思想，带给读者新的视角与认识，关键字是“解”。如读完《少有人走的路：心智成熟的旅程》一书，收获了“推迟满足感”这一概念，加深了对“先苦后甜”的理解。

诠释性层面的启发，能够完善读者看待世界的方式。地球是圆的，看待问题同样需要三百六十度无死角，多一个角度，就多一种可能性。没有解决不了的问题，只有思考不到的角度。书籍作为航行在知识海洋里的航空母舰，每本书就是一艘舰载机，只要读者愿意乘书翱翔，它们就可以带领读者的思想飞抵到世界各个角落，所以，明示自己收获了什么理解见解，能够帮助我们打开更广阔的视角，让我们的思维体系更加立体化。

立体化思维，主要体现在对“是什么？怎么做？为什么？”这三大哲学问题及其“有无、异同、轻重、快慢、对错、好坏”六对范畴的兼顾与平衡，这也是不同作者在不同书籍从各个主题各个角度共同诠释的主旨目标。

思维无形，千变万化，不同的人有着不同的思维体系。例如：

定位有无：定位要客观，务实不务虚。有就是有，无就是无。

区分异同：异中做创新，同中找规律。尊重差异，求同存异。

掂量轻重：行为有分寸，选择由权重。适可而止，舍轻就重。

调和快慢：规划依流程，推进按节奏。当快则快，当慢则慢。

正视对错：对错无绝对，良知不可缺。坚持正确，避免错误。

接纳好坏：好坏是暂时，结果不执念。谋事在人，成事在天。

呼应“三维立体思维模型”的内容，三大问题及其六对范畴可以帮助我们建立起立体化的思维框架，在这一框架的基础之上，我们可以继续开枝散叶搭建自己的思维体系。

4. 掌握了什么方法办法？

“方法办法”属于行为性层面，这件事可以这样做（我可以），一般是指书籍中的人、事、物、观点、概念、思想、方法、技巧、方案，带给读者能促动行为改变的解决问题的办法，关键字是“法”。如读完《非暴力沟通》一书，掌握了“区分观察和评论－区分感受和想法－体察内心的需求－提出具体的请求”的沟通方法。

知易行难，从知道到行动，也许只是一念之间的距离，结果却是天壤之别。如果从书中汲取的智慧启发，能够转化为具体的行动方案，并落实执行，相信士别三日，定可以让人刮目相看。“鸡汤”只是打“鸡血”，好书切切实实地提升由“知”到“行”的转化率，所以，明示出掌握了什么方法办法，也就输出了将所学所知落地的行动方案。将行动方案从停留在大脑里的观念、想法、点子，清晰地呈现到纸页里，这个梳理过程，会让我们的思路清晰起来，思路不清晰，知行难转化；接着，从纸面到地面，按照思路去行动。

这四个引导我们总结阅读启发的问题，简称为“事情解法”四问题。事情需要解法，事情的解法就是“事情解法”。请注意，后续内容将从多角度进一步阐述“事情解法”，且前后呼应。

四个问题，层层递进，每推进一步，启发就越接近行为层面。而促成行为改变的强烈程度，是受事件事例、情感情绪、理解见解、方法办法的收获程度所影响的。四个层面的收获越大，被促动出的行为动机就越强烈，被贯彻落实的动力就越足，耐力也越大，行为落地的成功率就越高。好比恋爱期间经历的事件越多、美好的情绪越多、共同的见解越多、解决问题的方法越多，抵御爱情磨难的抗风险能力就会越大，两个人修成正果步入婚姻殿堂的成功率就越高，所以，由“知”到“行”是一整套系统大工程，从知道到行为转变之间还有很长的一段路要走，需要积累足够多的事件事例、情感情绪、理解见解、方法办法，厚积薄发而后才有顺理成章的行为转化。

在《主动阅读提问表》中，四大基本问题依次是：

主题是什么？

论证是怎样？

正确在哪里？

启示有什么？

前面三个问题的答案越清晰，读者所获得的启发就越丰富，所以，阅读好书收获会更多，对行为转化的作用力也会更大，因为好书主题精准、论证完整、价值正确，可以带给读者充分的阅读体验和沉淀。

小结：

提炼阅读收获，需要先评估一本书是否解决了作者想解决的问题、满足了读者想满足的需求。评估问题并找到自己所需要的答案，接着才方便明示启示：忘不了什么事件事例？触动了什么情感情绪？收获了什么理解见解？掌握了什么方法办法？

评估作者的问题是否解答，明示读者的启发事情解法。

如何用自己的话重新论述一本书

词达共识，句表主旨，段领论述。

词汇是读者与作者达成共识的基本要素，就像《现代汉语词典》是汉语学习与交流的基础工具书一样。

句子是作者表达主旨的主要单元，介于词汇和段落之间。要想表达清楚一个完整的意思，就离不开句子，无论是提出一个问题、陈述一件事、描述一个人、分享一个技巧、表达某种感情、表示请求和意图，还是对段落的延续或省略。

基本要素构成主要单元。在词汇和句子的基础之上，作者才得以展开一本书的论述，来论证全书的主题。而段落则是论述的主要单元，因为，一本书主要是按照一个段落一个段落的排列来展开论述。

词达共识，要求我们找出核心词，并结合上下文翻译出每一个核心词的作者用意，首先从词汇上与作者达成共识。

句表主旨，要求我们找出关键句，并结合《主旨分析表》分析出作者想要传达的主要意义，写下对这句话的理解与感悟。

段领论述，要求我们去自主论述，并结合核心词、关键句、读者启发来重新组合梳理出作者的论述脉络，包含段落论述、章节论述和全书论述。

自主论述

论述是读者与作者互换角色，读者以作者的角色来写出自己的读后感。读完一本书，有没有读懂，就看能不能用自己的话来自主论述。有时候，本来不怎么懂的，自己梳理一下、自主论述一下就懂了，好比工作生活中的许多时候、很多难题，自己真正咬牙去面对时，很快就迎刃而解了。

在前面我们讲到“标示型笔记”和“文字型笔记”，这些笔记，在自主论述阶段就显得非常重要了，可以说是大放异彩。因为，当读者看完一本书后，重新组合梳理作者的论述脉络时，自己在阅读的过程中所做出的笔记、所翻译的核心词、所摘取的关键句、所记录的心得体会，是能否做出自主论述的基础。

好的读者，能够将论述的脉络梳理得一清二楚。全书的大论述，各个章节、段落的小论述，大小论述的每一个脉络都梳理得清清楚楚，并且，能用自己的话简要地说出来，但是，回到具体的段落里，我们会发现，在许多书籍中，不仅段落间的论述结构比较散乱，段落内部的论述结构也比较散乱。

例如只有读完整个章节的内容甚至全书的内容，才能找出几个关键句可以组合出一个较为完整的论述。有些书甚至读完了也不知所云，忽视了论述而导致结构太过松散。或者一个段落里包含多个论点，也就是多个主旨，而对每个主旨的论述又不够深刻。或者几个段落在论证同一个论点，但结构上却像散文，前后逻辑不连贯。

这都需要我们去重新梳理、重新论述，作者的论述是作者的，自己的论述才是自己的。也许，作者在行文结构上有着自己清晰的思路，但对于读者来说，就显得比较陌生，毕竟个体间的思维体系存在差异。

结构清晰

论述呼应《主动阅读提问表》第二大问题“论证是怎样？”，是指作者通过什么样的内容结构、写作方法、文字风格、专业水平、创作态度来对主题展开诠释。

清晰的结构，是论述有脉络的基础。不同类型书籍的内容，会以不同的结构类型来展开论述。

自主论述，同样需要结合第二章第四节“如何梳理书籍大纲形成自己的框架印象”中的“三维立体思维模型”及分点结构、分步结构、分层结构，来组织自己的论述结构。在清晰的论述结构之上，才能穿针引线地串联起各个知识点。

读者的自主论述结构与作者的写作论述结构，在结构类型上一致时，论述的效果会更好，所以，先梳理清楚作者的写作结构，再梳理清楚自己的论述结构。分别举例如下：

分点结构：作者在这本书/这一章/这段话里，主要讲了某些人/某些事/某些现象/某些观点，我很佩服主角身上的三大优点/我收获到三点启发/我有三个问题/我提出三点建议/我感到有些情绪，分别是……

分步结构：作者在这本书/这一章/这段话里，主要讲了解决某问题的方案/方法/措施，我掌握了某项技能的三大步骤/我认为要解决这个问题需要分三步，依次是……

分层结构：作者在这本书/这一章/这段话里，主要讲了对某知识的层次划分/对某标准的层次划分，我知道了原来某知识可以划分为三个层次，依次是……/我认为自己在这一标准中处于第几层次，距离最高层次还有多远的距离，应该做些什么去努力达到最高层次。

在阅读中学习作者是如何设计写作结构的，可以帮助读者更好地设计自主论述的结构；读者自主论述的文字越多、经验越丰富，在阅读时对书籍的框架把握力、内容理解力会越好。以阅读来提升写作，以写作来促进阅读。

精雕细琢

论述是一件精细化的工作，需要以工匠精神来精雕细琢。字句段落，交代的细枝末节越丰富，内容就越饱满、越贴近生活、越返璞归真。

在虚构类书籍中，小说情节可以是虚构的，但对人、物、环境等生活细节的描述需要写实，这样才能有浸入感，让现实生活跃然纸上。

在论说类书籍中，对于主脉络里的“是什么？怎么做？为什么”的论述都得细致入微，不宜“点到为止”。好书是非常重视论述过程的，每一个步骤都条理清晰。在对关键句做精心处理的基础之上，有些作者还会进一步做摘要整理，将关键句一条一条罗列到章节末尾。结合作者摘要，读者只需回顾一下前面阅读过的章节内容，就可以快速梳理清楚作者的论述脉络。如在《亲密关系》这本书的章节末尾，作者会主动提炼出前面内容中的关键句，并按照先后顺序汇总到一起，组成“亲密关系通关指南”，以下内容引自这本书第二章末尾处的“章节摘要”：

“a. 最初你被某人吸引，通常是由于情绪上的需求。

b. 这些需求大都源自孩提时代未被满足的需要。幼儿的两大主要需求是归属感和确认自己的重要性。

c. 幼时的需求便是构筑梦中情人蓝图的骨架。你相信这个梦中情人会满足你所有的需求，尤其是想当特别的人的需求。随着年龄增长，梦中情人的蓝图变得愈来愈复杂，你的期望也愈来愈高。

d. 你会以梦中情人所拥有的特质作为寻觅伴侣的准则。在潜意识中，你把准情人和梦中情人相比，选出和梦中情人最相似的作为你追求的目标。

e. 接着你便借由明说或暗示的期望与要求，着手将选中的人改造成你的理想情人。你相信只要伴侣能变得和你的梦中情人一样，你就能得到渴望许久的爱。你不断地向情人提出要求，心想如果他 / 她‘真的爱我’，就一定会顺从。

f. 你终究会发现，需求并不能完全得到满足，因而感到失望，甚至愤恨。如果你感到愤恨，这就代表月晕现象的第一阶段已经结束了，你进入了亲密关系的第二阶段——幻灭。

g. 想要安全度过‘月晕现象’阶段，你就要学习放手和接受。

如果你能不把自己的需求强加在伴侣身上，你就能在自己内心找到你真正需要的事物。摆脱了需求的束缚，你就能感受到纯粹的爱。然后，你能和情人分享的事情就更多了。另外，学着接纳你的伴侣（但并不是滥用忍耐力），也能让你学习到接纳本来的自我，而不再认为你需要些什么来让自己变得完整。学会放手和接纳之后，你一定会明白，你原本就是一个完整的个体，所需要的一切，都存在于你心中。”

对于读者来说，在自主论述时，也需要秉持认真严谨的写作态度，不辜负每一句每一字，语不惊人死不休。既不过于简单，只言片语，论述得不清不楚，也不过于复杂，千言万语，论述得云里雾里。

写作手法

论述属于写作，也讲究写作手法。写作手法包含表达方式、写作方法、修辞手法等。

1. 表达方式

表达方式，是指写作时为介绍事物事理、表达思想感情、反映社会百态所采用的方式样式。常用的表达方式包括记叙（叙述）、议论、抒情、描写和说明。

虚构类论述多采用叙述、抒情、描写的表达方式。论说类论述多采用议论、说明的表达方式。

2. 写作方法

写作方法，也叫表现手法，是指在文学创作中为塑造人物形象、表达情感情怀、反映社会百态所运用的各种具体的方法技巧。主要包括对比、象征、衬托（烘托）、借景抒情、托物言志（托物喻人）、欲扬先抑、夸张讽刺、前后照应等。

写作方法多针对虚构类论述，可以让人物形象更加立体生动，让情感传达更加扣人心弦，让社会百态跃然纸上。

3. 修辞手法

修辞手法，也叫修辞方法，是指在写作时为提高语言表达效果，而对语句进行加工润饰的方法。修辞手法一共有 63 大类，78 小类。常见的包括比喻、对比、拟人、夸张、排比、反问、设问、对偶、借代、反复等。

修辞手法广泛运用于虚构类和论说类论述中，善用修辞手法，语言表达效果会更好，可读性更强。当我们在阅读一本书时，会希望作者的文笔流畅而优美，同样，在自主论述时，也需要讲究文笔的可读性。

无论是作者论述还是自主论述，都离不开写作手法。其中，表达方式是就论述内容而言，写作方法是就文学创作时的具体技巧而言，而修辞手法则是就语言的表达效果而言。角度不同，带来说法上的差异。

坚持正确

无论是在分析作者的论述时，还是在自主论述时，都需要注意结合《主动阅读提问表》第三大问题“正确在哪里？”及其细分问题“经验吻合吗？方法可行吗？真实常态吗？权威一致吗？”来评估并保证论述的正确性。

1. 议论性论述

“经验吻合吗？”

在议论性论述中，需要考虑其论点、论据是否与社会经验吻合，是否实事求是，是否符合客观规律，是否逻辑自洽、推论合理。

还需要区分归纳法与演绎法，这是议论性论述中两种基本的逻辑方式。

归纳法

归纳法是以多个事实总结出某个具备一般性的规律。事实正确是得出正确规律的前提。举例如下：

条件：甲上台演讲时会紧张，乙上台演讲时会紧张，丙上台演讲时会紧张，大量的人上台演讲时也都紧张。

结论：人们在上台演讲时会紧张。

演绎法

演绎法与归纳法相反，是从一般性的规律出发，通过推理得出特定的结果。规律正确是推理出正确结果的前提。举例如下：

条件：人们在上台演讲时会紧张（规律），我即将做一场演讲分享。

结论：我在这场演讲分享中会紧张。

归纳与演绎是相互依存、相互转化的关系。归纳为演绎提供规律基础，演绎为归纳提供指导机会。归纳后随之进行演绎，演绎后随之进行归纳，在归纳与演绎的循环往复中，持续更新新规律、指导新行动。这一循环，也是“认知升级”的基本逻辑。

2. 应用性论述

“方法可行吗？”

在应用性论述中，需要考虑其方法是否具备可行性，是否可以落地、可以指导行动、可以解决技术难题。

应用性内容最讲究实效性。随着生产力的发展、新技术的推广，不断地有职业岗位被新的岗位所替代，与旧岗位相关的技能型作品就失去了其原有的应用价值。例如，从普通绿皮列车到高铁，会带来驾驶技术、运营技术、维修技术等一系列岗位的技能升级，相应地也就会淘汰旧有的技能教程，而出现新版的技能教程。

3. 虚构类论述

“真实常态吗？”

在虚构类论述中，需要考虑其人物故事是否真实，是否具备代表性，是否符合工作生活中的常态，情节起承转合是否符合逻辑。

如一些虚构类书籍中的主要人物突然失忆、突然车祸、突然消失，却没有任何伏笔，为了剧情的跌宕起伏而强行穿插各种意外。如此写作风格，虽然会带给读者强烈的情绪体验，却也容易让人陷入沉迷剧情、脱离现实的状态之中。

4. 历史性论述

“权威一致吗？”

在历史性论述中，需要考虑其历史人物、事件是否符合权威历史著作，尊重历史，不肆意杜撰、歪曲。

还需要辩证看待“正史”与“野史”。“正史”的资料大多来源于史官的记录，是第一手资料，更接近事实，而野史的资料经过民间的层层传递，大多面目全非。故，“正史”的可信度更高。

完好无缺

论述还需要保证完整性，即便是局部的论述，依然需要保证完整性，麻雀虽小，五脏俱全，就像穿过狭窄的栅栏一样，宁愿有血有肉地只穿过去一只胳膊一条腿，也不要穿过去一副骨架。骨架，就像经由别人从书中提取出来的“读书干货”一样，空有充斥着各种概念的“精华部分”，却没有内容最为宝贵的血和肉。血肉不足，肢体就没法运动；论述不足，概念就很难消化、内化。

书籍论述的完整性与读者阅读的完整性，左右着这本书对读者的影响力以及读者通过阅读所获得的成长力。好书的内容在论述上的完整度是可以保证的，整本书就是一个完整的论述，是一套完整的知识体系，所以，对于好书，建议以系统阅读法来完整地阅读全书。

论述的完整性，体现在对大小主旨的完整论证：“是什么？怎么做？为什么？”三大问题，全面兼顾，且，比例合理。许多在手机里转发扩散的文章，关于“是什么”问题的内容高达70%以上，而且以陈述已经发生的、众所周知的、牵动人心的事实事件为主，并不见有内容深度的关于“怎么做”的方法措施、关于“为什么”的原因分析。吸引了眼球，获得了流量，却占用了读者的时间，还搅动了大众的神经。

所以，当我们在自主论述时，即便只是围绕一个小知识点，或者只是围绕大主题中的一个细小的分支主题，也需要做到完整阐述。不在于篇幅大小，而在于对“是什么？怎么做？为什么？”三大问题的合理兼顾。

小结：

段落是论述的主要单元。作者在书中的论述反映出作者的专业功底，读者的自主论述反映出读者是否读懂了书籍内容。论述呼应了《主动阅读提问表》第二大问题“论证是怎样？”，需要结合“三维立体思维模型”来组织论述结构，需要精雕细琢、重视写作手法，也需要结合《主动阅读提问表》第三大问题“正确在哪里？”来保证内容的正确性，同时，论述还需要保证完整性。

自主论述是真懂，自主论述有方法。

《系统阅读表》案例解析

一张表单，由表及里。

《系统阅读表》帮助我们由浅入深地系统了解一本书，一探究竟。

填写《系统阅读表》有四大步骤：翻译核心词汇 – 串联关键句子 – 评估明示启示 – 自主论述书籍。

《系统阅读表》既可以用于系统解读全书内容，也可以用于系统解读一个章节或者一个段落。

以《影响力》（罗伯特·西奥迪尼）一书第二章为例。

第一步：翻译核心词汇

结合上下文内容，通过“高频词汇、专门词汇、高难词汇”

来找出核心词汇，接着，通过“区分同词词义、区分同义词汇”来翻译核心词汇与作者达成共识。

核心词汇 a：互惠原理。

翻译词汇：互惠是在社会生活中被大家所认可的准则，即一方为另一方提供帮助或给予某种资源时，另一方有义务回报给予自己帮助的人。好比礼尚往来，你对我好，我不好意思对你不好，最终，大家好才是真的好。

核心词汇 b：互惠式让步。

翻译词汇：是一种“拒绝－后撤”策略，又叫作“留面子”法，是通过率先让步来促使对方顺从的技巧。

核心词汇 c：知觉对比原理。

翻译词汇：是互惠式让步能够发挥作用的一大原因。先提大要求，再提小要求，小要求跟大要求一对比，就显得微不足道，于是，对方就更容易接受小要求。

第二步：串联关键句子

区分关键句与普通句，区分关键句与金句，通过“置顶标示、含关键词、论证线索、阐述主旨”来抓取关键句，通过“摘录随笔、串联逻辑”来串联关键句，以掌握作者逻辑。

1. 摘录随笔

书中的许多关键句已被作者或编辑加粗，以方便读者抓取关键句。

我们摘录部分关键句，将这些关键句按照在正文中的先后顺序排列，并随笔诠释。

关键句 a：第二章第 26 页，摘录："正是因为有了互惠体系，人类才成为人类。"

随笔：论互惠原理的社会意义。正是因为"有债必还的信誉网"，人类才得以实现劳动分工、相互依赖。一个人给了另一个人某种东西（如食物、精力和照料等），却不用担心它会变成损失，或者虽然给予了他人，却不是当真给了出去，因而降低了人们之间交换资源的天然门槛。

关键句 b：第二章第 43 页，摘录："互惠原理可触发不对等交换的两大原因。其一：'亏欠感让人觉得很不舒服。'其二：'违背互惠原理，接受而不试图回报他人善举的人，是不受社会群体欢迎的。'"

随笔：我们大多数人都会觉得亏欠别人是很不愉快的，只要亏欠了别人，情绪上就烦躁不安，想要回报对方。这是一种社会基本教养。如果不知恩图报、礼尚往来，我们可能会被贴上"忘恩负义”“揩油鬼”的标签，被人们所厌弃，承受来自社会环境的巨大压力。

关键句 c：第二章第 45 页，摘录：“互惠原理通过两条途径来实现相互让步。头一条很明显：它迫使接受了对方让步的人以同样的方式回应；第二条尽管不那么明显，但更为关键：由于接受了让步的人有回报的义务，人们就乐意率先让步，从而启动有益的交换过程。”

随笔：因为存在回报让步的社会义务，人们就可以将率先让步作为一种促使对方顺从的技巧来使用，即“拒绝–后撤”策略。假设我们想让对方答应我们的某个请求，为了提高成功概率，我们可以先提出一个“大请求”，大到对方保准会拒绝，等对方拒绝这个“大请求”以后，我们再提出一个稍小的“小请求”，这个“小请求”才是我们真正的目标。如果设置巧妙，对方会把我们将“大请求”替换到“小请求”的行为看成是一种让步，并有可能会感到亏欠，认为自己也应该做出让步，于是就顺从了我们真正的目标——“小请求”。

关键句 d：第二章第 60 页，摘录：“倘若别人的提议我们确实赞同，那就不妨接受它；倘若这一提议别有所图，那我们就置之不理。”

随笔：对于对方给予我们的善意的恩惠，我们可以接受下来，同时认识到自己将来有回报对方的义务，这是互惠原理所带来的正常的社会交际。然而，如果最初的“善意”其实是专门用来刺激我们回报以更大恩惠的圈套、机关或诡计，对于这种来者不善的想要牟取暴利的行为，我们需要识别出这并非恩惠而是对方的顺从伎俩，因而不必受其影响。

2. 串联逻辑

通过摘录和随笔来抓取并理解关键句，接着，串联前后关键句之间的逻辑关系，梳理出逻辑线，兼顾“为什么－是什么－怎么做”的三条逻辑线。这也是《影响力》这本书经典的原因之一，每个章节的内容都兼顾三条逻辑线，都可以单独列出来阅读。

逻辑线：

为什么——社会意义：构建起社会信誉网，推动人类社会的劳动分工、相互依赖。

是什么——心理基础：互惠原理的心理基础是负债感和知恩图报，违背互惠原理会受到来自社会环境的压力。

怎么做——如何应用：运用知觉对比原理的“先大后小”以及互惠式让步的“以退为进”，可以实现相互让步。

怎么做——如何拒绝：对于恶意，直接拒绝；对于善意，礼尚往来。

第三步：评估明示启示

先评估作者的问题是否解答，再罗列出获得了哪些启发：“忘不了什么事件事例？触动了什么情感情绪？收获了什么理解见解？掌握了什么方法办法？”。

评估问题：作者在《影响力》第二章“互惠”内容中的论述，成功让我了解了“互惠”原理。

明示启示：

1. 忘不了什么事件事例？

互惠原理在商业行为中也应用广泛，如赠送免费样品这种营销技巧，虽然历史悠久，依然效果显著。商家提供的免费样品，其实也是一份礼物，表面上看是为了让消费者体验其商品，暗中却把礼物所具备的亏欠感释放给了消费者，这是一种借力打力、四两拨千斤的柔道手法。

2. 触动了什么情感情绪？

读完这一章节，我感到惊讶和庆幸。惊讶的是“互惠原理”

的普遍性，而我此前察觉到的并不多；庆幸的是阅读这本书加深了我对“互惠原理”的认识，今后可以更好地将其服务于工作生活。

3. 收获了什么理解见解?

互惠原理有好有坏。好的是：大到人类社会，小到人际关系，都需要其来维系。坏的是：被不怀好意之人利用，影响他人的行为，导致他人利益受损。

4. 掌握了什么方法办法?

“先大后小”：在价格谈判中，可以先报高一些的价格，再降低价格，给谈判留下可以商谈的空间。

“以退为进”：在商务谈判中，可以主动让步，向对方表示诚意，以获得对方的认可与让步。

以善意回报善意：当对方以善意善待我们时，积极以善意回报对方的善意行为。

对恶意直接拒绝：当识别到对方恶意的“糖衣炮弹”时，直接拒绝，无须心生歉意。

第四步：自主论述书籍

论述需要自主动笔、以结构为脉络、需要精雕细琢、重视写作手法、以正确为前提、需保证完整性。

自主论述包含“段落论述、章节论述、全书论述”。

关于《影响力》的“全书论述”，我结合《系统阅读表》写了近三万字的系统论述文稿，因为“全书论述”篇幅偏大，“段落论述”篇幅偏小，所以在这里以《影响力》第二章的“章节论述”为案例。

自主论述——《影响力》第二章“互惠”：

a. 应用意义

如果没有亏欠感的影响，在工作生活中的许多要求，原本是会遭到拒绝的，但借助互惠原理，就很容易让对方点头答应。

b. 心理基础

互惠原理的心理基础是负债感和知恩图报，欠债不还、忘恩负义是不被人类文化所欢迎的，正是因为有了互惠文化，人类才得以实现劳动分工和商品交换，人类社会才得以更高效运转。

例如，男孩对女孩各种好：送花、送礼物、发红包、逛街买买买，是不是比较容易得到女孩的青睐呢？

再如礼尚往来,我送你一棵葱,你好意思不送我一根胡萝卜吗?

商家最喜欢用互惠这一招，如免费品尝、送小礼物，在互惠原理的影响力之下，顾客会有更多的购买行为。

不仅如此，互惠原理还能让人犯错误，例如，关羽在短暂投降曹操期间，曾受到曹操的恩惠照顾，因而在赤壁之战中下不去手、违背军令而放走了曹操。关羽宁愿违抗军令都不愿违背互惠原理，您说互惠原理强大不强大?

c. 如何应用

互惠原理如此奇妙，那么，在工作生活中如何应用好互惠原理呢?

运用知觉对比原理的“先大后小”以及互惠式让步的“以退为进”，二者相互结合效果更好。

如一件西装，先提高价格到 1000 元，再打折促销到 500 元，您心动不心动?

又如先推销大件商品再搭售小件商品，先推销西装，再搭售皮带袜子。西装都买了，皮带袜子这么便宜，还犹豫什么?买买买!

或者先推荐价格昂贵的产品，再推荐价格相对便宜的产品。

再如，在商务谈判中，项目报价，先定他个一个亿，再妥协让步到 5000 万，合同是不是好签许多呢?

d. 如何拒绝

城市套路深，那我们该如何避免被互惠原理带到沟里呢？

其一：在一开始就直接拒绝对方“有明显目的性地想要诱发我们亏欠感”的善意或让步。也就是说，在一开始就直接拒绝男孩的玫瑰花或者商家的小礼物。

其二：以善意回报善意，不以善意回报诡计。礼尚往来是传统美德，但在工作生活中可能会遇到一小撮坏蛋利用互惠原理施以诡计，来诱导我们去不等价交换。其实，哪怕我们一不小心接受了对方的小芝麻，也无须回报他大西瓜。因为，互惠原理的核心是以善意回报善意，而不是以善意回报诡计！

小结一下：

互惠原理符合礼尚往来、知恩图报的传统美德，遍布于我们工作生活里大大小小的场景之中；互惠原理在正向运用的时候影响力巨大，我们可以选择“先大后小”或者“以退为进”；互惠原理在负向运用的时候，其影响力也不容小觑，这个时候，我们可以坦然拒绝对方的糖衣炮弹。

一句话总结：“知恩图报互惠原则，先大后小以退为进。”

将以上内容填入《系统阅读表》，抽丝剥茧般一步一步解剖出细致的、深刻的、完整的作者智慧，是我们深入解读书籍内容的路径图。好似从始于颜值，到成功走进 Ta 的内心。

“读完一本书”与“读了一本书”并不同，随手翻阅几页即可以称之为“读了”。怎样才算读完一本书呢？能够输出这本书的《系统阅读表》。为什么读了一本书后会有一种“读而无获”的感觉呢？没有主动阅读、深度思考、总结启发，没有动笔输出《系统阅读表》。

作者动笔写书时的难度大于读者动笔读书时的难度，若我们在解读书籍时感到吃力想打退堂鼓，可以换位思考一下作者写书时的绞尽脑汁与孤独前行。也许，我们没有充足的时间来解读每本书并输出《系统阅读表》，但这套系统解读书籍的思维模式、方法习惯，是可以贯穿于阅读每本好书的过程之中的。

系统阅读四步骤，输出《系统阅读表》。

第四章 对比钻研系列书，成为专家

加速跑之后，需要在长跑的途中通过调节呼吸来让跑步的时间更持久、耐力更强，途中跑是长跑成绩好坏的决定阶段。

第四章就是阅读的“途中跑阶段”，通过系列阅读法，我们围绕某一主题的一系列书籍持续地钻研。

如何选定系列阅读的主题

系引阅读知大概，系统阅读究其竟，系列阅读通全盘。

在第一章第一节“三大维度三阶段”的内容中，我们讲到系引阅读属于广度阅读，系统阅读属于深度阅读，系列阅读属于高度阅读。先广度，再深度，后高度。深度以广度为基础，高度以广度和深度为基础。

系列阅读有高度

广度阅读，没有深度思考，没有对比升华，纵然广读一万本书、累计十万小时，依然达不到高度，所以，读者需要摒弃“以量论高低”的心态，一年读五百本书，这意味着一天至少读一本书，什么样的书可以在一天内百忙之中读完呢？难道思考不需要时间吗？难道查阅资料、对比研究不需要时间吗？如果仅仅是看过几眼就被认为是“阅读了一本书”，那人人都可以一天阅读多本书了。

深度以广度为基础，见多识广，头脑更开通，对字、词、句、段、章、书的理解能力更强，进而深入到知识更加本质的部分。见多识广知方向，有方向才能有的放矢地专注，而非漫无目的地阅读。同样是花费大量时间，沉迷与专注大不同。一些读者可以废寝忘食、省钱充值，去阅读娱乐消遣型网络小说，一年五年十年，沉迷于其中，脱离了现实世界，也失去了深度思考的能力；而专注则是精神贯注，是集中精力去钻研某个领域的知识，多出现在汲取营养型阅读中。

先有广度阅读和深度阅读夯实的地基，才有万丈高楼平地起。

高度阅读既需要见多识广的广度知识，也需要由浅入深的深度知识，才能获得高瞻远瞩的高度知识。高度阅读最具挑战性，但其带来的收获最大，因为高度阅读是汲取领域内各位专家作者的智慧并做出创新，进而成为该领域专家。

选定主题需具体

如果我们要成为某个领域内的专家，就离不开高度阅读，也就是系列阅读。专家之所以能被称为专家，就是因为专家有高度，在某一领域有高于常人的专业水平。高度是“一览众山小”，高度阅读是对比阅读某一领域内同一主题的一系列书籍，并升华主题，到达一定的专业高度。

术业有专攻，当我们开启高度阅读、系列阅读时，首先要做的就是选定系列主题。选定主题需要具体，越具体越好。

例如，人生成功是一件令人向往的事情，因此，选择阅读的主题为“成功”，接着，去搜索关于“成功”这个主题的书籍，会发现下不去手，因为，关于“成功”的书籍太多，不仅只限于“成功学”。从广义上讲，但凡积极向上的书籍，都与“成功”有关，都能助人成功，比如技能、心态、营销、投资、战略、管理等方面。进步是成功，收获是成功，健康是成功，开心是成功，幸福是成功，事业有成是成功，家庭和睦是成功……成功是一生的修行，每个人心里都有着属于自己的成功。这就很难去搜索、整理出相关的书目书单来着手系列阅读，专门兴建一座图书馆都不足以囊括与“成功”相关的书籍。

所以，我们需要进一步细分，细分到具体的、单一的主题上来。例如，职业成功离不开扎实的职业技能，职业技能多种多样，做出细分和定位，以更加具体的“演讲技能”为主题，再去搜索与“演讲技能”主题相关的书籍会容易许多。主题越具体，越方便搜索出同一主题的书籍来开展系列阅读。

选定主题，往往会在我们遇到难题并寻求解答的过程中一步一步地更加具体、更加细分、更加接近问题核心。比如当我们想要“成功”时，会去寻找成功之道、寻找可以帮助我们成功的各种主题的书籍来阅读。阅读的过程中，会不断地去伪存真、去粗取精，发现如果想要“成功”，首先要学好阅读方法，去踏踏实实地多读好书，细分并选定主题为“阅读方法”，于是，发现了《我想读好一本书》，就像此刻一样。

小结：

深度以广度为基础，高度以广度和深度为基础。在高度阅读（系列阅读）中，首先要做的就是选定系列主题。选定主题需要具体，越具体越好。选定主题，往往会在我们遇到难题并寻求解答的过程中一步一步地更加具体、更加细分、更加接近问题核心。

选定主题越具体，越接近问题核心。

如何搜索出靠谱的阅读书目

宁可过多，也不错过。

针对我们所要研究的主题，收集同一主题下的书籍，建立关于这个系列的书目，是开展系列阅读的前提保障。对于收录进系列书目的书籍，多多益善，不怕多，就怕错过真正的好书。

收集系列书目主要有四大渠道：馆藏书目、权威推荐、榜单排行、网络搜索。

馆藏书目

图书馆是人类知识的宝库，藏有大量的专业书籍。历史越悠久的图书馆藏书越丰富，这些书籍是学术类研究不可或缺的专业资料。每个图书馆都有着自己的馆藏书目，方便读者通过关键词检索出自己需要的书籍。藏书，顾名思义，在外面找不着的珍贵书籍。不同的图书馆，藏书重心也有所不同。如季羡林先生被誉为“国际著名东方学大师”，在他从德国返回中国以后，就因为图书馆藏书的变化，而不得不改变自己学术研究的方向。（《季羡林自传》）

权威推荐

无论是虚构类书籍，还是论说类书籍，在国际国内都有许多历史悠久的权威奖项，如诺贝尔文学奖、雨果奖、凯迪克奖、茅盾文学奖、鲁迅文学奖等。能获得这些奖项的作品，都是被专家评委们万里挑一、权威推荐的作品。相关机构、学校、媒体、专家也会整理推荐出一些阅读书目，如中学生必读书目、心理学必读书目、世界历史必读书目、程序员必读书目等。

权威奖项、组织、专家所推荐的书籍，在专业度上是有所保障的，具备较大的参考价值，可将其收录进我们的系列书目。当然，荐书的组织或个人，是否真的中正、客观、权威，这是我们不可掉以轻心的，不排除资质存疑或因利益相关而互相吹捧的情况。

榜单排行

榜单排行包含三大榜单：评分榜单、畅销榜单、长销榜单。

评分榜单，是根据读者的评分高低来排序榜单，如好评榜、差评榜。

畅销榜单，是根据某段时间内销售数量的高低来排序榜单，如季度畅销榜、年度畅销榜。

长销榜单，是根据书籍的长期销量、累计销量的高低来排序榜单。长销榜单评选难度最大，因为时间跨度大，难以统计，如世界历史上最畅销的十本书排行榜。

几乎每年国内外相关阅读平台都会推出榜单排行。国内豆瓣榜单、京东榜单、当当榜单等；国外有亚马逊榜单、《纽约时报》榜单等。其中，包含许多细分领域的榜单，如心理学领域榜单、经济学领域榜单、IT 领域榜单、育儿领域榜单、小说类榜单等。

根据我们所研究的领域，找到该领域所属的细分榜单，即可在榜单上找到所对应的书籍。

网络搜索

网络搜索，是当下应用最普遍的搜索渠道。资源多，能上网就能搜索,其他三大渠道的信息资源也会汇聚到网络渠道。正是因为网络资源的庞大与繁杂，导致对网络搜索的结果进行识别与筛选成为一大难题。结合其他三大渠道，通过网络搜索关键词“主题 + 馆藏书目”“主题 + 权威推荐书目”“主题 + 榜单排行书目”，是一种快捷且有效的搜索方式。

除了上述四大搜索渠道，还可以通过某本好书中引用的内容所属的“相关书籍”，以及末尾的“参考文献”，来收集系列书目，尤其是在专业领域内的论说类书籍中，出现书籍之间相互借鉴的情况比较多。阅读其中一本好书，往往会带出相关的更多好书。

好书带好书，好的作者也会带出更多的好书。少数作家，不仅“高产”，而且“高质”，可以推出一系列优质作品集结成册，如鲁迅作品全集、王小波作品全集、金庸武侠小说系列、刘宓庆翻译论著系列、德鲁克管理系列等。许多读者在认可某作家的某一本书后，也会倾向于信任该作家其他的书。

除了作家系列之外，还有作品系列。作品系列是围绕某一领域、主题、时期、地域或风格，汇总若干作者的作品集结成一个系列。例如，《伟大的思想》系列图书，共汇聚中外作家对人类思想产生过重大影响的 60 部作品；《给孩子的双语故事》中英双语系列图书，遴选了八位中国作家的八部经典原创儿童文学作品。一个作品系列自带一个系列书目。

小结：

建立系列书目，是开展系列阅读的前提保障，讲究多多益善，不怕多，就怕错过真正的好书。收集系列书目主要有四大渠道：馆藏书目、权威推荐、榜单排行、网络搜索。除此之外，还可以通过引用作品、参考文献、作家系列、作品系列等方式来收集书目。

收集书目四大渠道，收录书籍多多益善。

如何将书目精简到书单

系引阅读先行，筛选系列书目。

主题已定，围绕主题的系列书目已经收集完毕，但书目中的书籍主要来源于关键词搜索、推荐或榜单，书中内容并不一定就与系列主题相关。所以，需要通过系引阅读法来快速筛选出系列书目中的哪些书籍是应该留下来作对比阅读的，哪些书籍是可以排除在外的，并建立精简版的系列书单。

系引阅读先行三大益处

系引阅读先行，先快速浏览一本书，有三大益处：分类书籍、确定主题、评估内容。

1. 分类书籍

书籍的不同类型，意味着不同的内容属性，不同的内容属性又会带来不同的大纲结构。例如，议论性作品，多为陈述性内容，大纲多为分点结构；应用性作品，多为程序性内容，大纲多为分步结构。因此，先了解一本书的类型就显得非常重要了，就像只有先了解了性别，才能礼貌地称呼对方为某某先生或某某女士一样。

2. 确定主题

通过系引阅读先了解一本书的主题是什么，才可以确定这本书是不是我们需要的书籍，这样才能集中有限的时间去有的放矢地阅读。前方有一排靶子，只有先找着自己的靶子，瞄准自己的靶子，才能考虑是射中七环、八环，还是九环、十环的成绩。靶子即是主题。

3. 评估内容

围绕同一主题会出现大量的书籍，以系引阅读法大致浏览同一主题下的多本书籍后，才能发现：哪几本书的内容专业有深度，能命中十环把心，值得采用系统阅读的方式去抽丝剥茧地深度阅读，以获得启发；哪几本书毫无启发性，只能命中一环两环，不值得重读。这样就可以去粗取精，简化书目，精简书单，筛选出最具启发性的书籍来阅读。

精简系列书目三大思路

面对系列书目，如果采用系统阅读法去一本一本地深度阅读，则需要大量的时间成本，三年、五年，甚至十年都读不完一个书目，所以需要化书目为书单。

以系引阅读法将系列书目精简为系列书单，有三大思路：去除无关的、重视经典的、选择专业的。

1. 去除无关的

在系列书目的书籍当中，难免有些书的内容是与系列主题无关的。例如，一些榜单排行可能是根据大主题来进行归类的，而我们的系列主题相对而言是属于小主题的，于是，榜单中就会出现在小主题之外的书籍，也就是与系列主题无关的书籍。或者在网络搜索时，我们是根据系列主题的关键词来搜索的书籍，但是有些书籍，仅仅是书名与我们的系列主题相关，但内容并不相关，甚至是八竿子打不着。抑或是书籍类型不同，当系列主题对应的书籍以虚构类书籍为主时，比如“唐诗宋词元曲明清小说”（文学作品），则论说类书籍相关度不大；当系列主题对应的书籍以论说类书籍为主时，比如“唐诗宋词元曲明清小说创作技巧”（技能教程），则虚构类书籍相关度不大。

对于内容与系列主题无关的书籍，则可以从系列书目中排除掉，留下紧紧围绕系列主题的书籍。

2. 重视经典的

在精简书目建立系列书单的过程中，建议提高经典名著的入选比例。

经典名著既包含虚构类书籍，也包含论说类书籍。具备三大特点：经久不衰、通俗易懂、富含智慧。

经久不衰

经得住时间检验的书籍才能成为经典。例如，儒家经典著作“四书五经”：《大学》《中庸》《论语》《孟子》，《诗经》《尚书》《礼记》《周易》《春秋》，距今已有两千多年的历史，依然被人们传诵，拥有着庞大的读者基础，并且在世界文化、思想史上占据极高的地位。

许多当下流行的畅销书，在历史的长河中只如昙花一现，而经典永流传。经典名著是传承人类文明的一等功臣，因为人类对于“真善美”的追求是永恒不变的，而弘扬“真善美”则是名著共同的主题。文山书海，能成为经典而被历史眷顾的作品不足书籍总数的 20%。书是读不完的，如果书可以读完，那就去阅读各个领域内的经典名著。因为经典名著代表着文化之“根”，读“根”，才有可能把书读完。

通俗易懂

经典名著面向的是广大人民群众共同感兴趣的题材，是为普通人而写，而非写给专家学者阅读的艰难晦涩的学术论文。

当然，有些历史久远的经典名著，因为时代背景的不同，今天的读者阅读起来会有一定的难度，所以，围绕这些经典名著会出现方便今天的读者阅读的解读本，如《道德经》(老子)、《孙子兵法》(孙武)、《红楼梦》(曹雪芹) 等名著的相关解读本。

另外，专业领域的经典名著，因为专业知识背景的不同，导致专业领域外的读者阅读起来会有一定的难度。针对这类经典名著，就需要先阅读专业领域的基础著作，如《几何原本》(欧几里得) 是几何学的奠基之作，如果不先读懂这本书，就没法去读懂平面几何、立体几何等其他几何学的分支著作。同样，《日本蜡烛图技术：古老东方投资术的现代指南》(史蒂夫 · 尼森) 是股市技术分析的入门之作，如果不先读懂这本书，就没法读懂《波浪理论经典》（拉尔夫 · N. 艾略特) 等股市预测工具类书籍。

富含智慧

经典名著多为知识密集型作品，论证严谨，最富有启发意义。其一页文字中所包含的智慧，可能比一整本娱乐消遣型书籍的内容还要丰富多彩，如《论语》（孔子及其弟子）、《孙子兵法》(孙武)等名著，字字珠玑，句句箴言，非娱乐消遣型作品可与之相提并论。

经典名著因为对世界奥秘和人生问题的探讨，以其取之不尽的营养，让人百读不厌，并且在重读的过程中还会激发出新的感悟和收获。奇怪的是，且不说世界名著，我们许多人连中国名著都没有来得及读完一遍，却将大量的时间花在了娱乐消遣型的资讯、文章或者书籍里。

一本书是否属于经典名著，可以搜索查询“世界名著书目”，在世界范围内得到广泛认可和关注的各国的名著作品大多位列其中。名著是超越时代本身而得以流传下来的经典作品。有些当世作品同样经典，却暂未列入名著目录，但通过其对社会的影响及大众对作品的认可，同样可以被归类为名著，如刘慈欣先生的《三体》一书即堪称名著，自2008年首次出版以来，累计销量已达数百万册，并荣获“第73届雨果奖最佳长篇小说奖”，刘慈欣被评价为“单枪匹马将中国科幻文学提升到了世界级的水平”。

3. 选择专业的

大多数书籍都不是经典，无论是出版了一些年头的，还是新上市的，或者是流行的、畅销的，还是销量一般的。那么，在经典之外，我们如何从系列书目里数量众多的书籍中去继续挑选呢？选择专业的。专业度越高的书籍就越值得选择，因为专业度代表着知识密集度。

专业的可以分为作者更专业、内容更专业。

作者更专业

作者更专业，往往内容也更专业。但对内容专业度评估的难度要大于对作者专业度的评估，尤其是当读者在面对陌生领域的内容时，只能先对作者本身的专业度做出稍有把握的评估。

主修专业与作品相关联、从业年限久、行业资历深、专家推荐、著作等身、奖项加持、大众认可等信息都可以为作者的专业度加分。

内容更专业

内容更专业，主要体现在“学术研究、概念创新、理论建设”上有更高的造诣，在“文笔、论证、框架”上有更严谨的精神和更高级的手法。

对该领域内容有一定专业功底的读者，可以相对轻松地在大致浏览一遍书籍后，就能评估出内容的专业水平，正所谓内行看门道。对该领域内容陌生的读者，则可以通过“语言通俗易懂、段落论述严谨、章节结构清晰”来感知内容的专业度。

小结：

系引阅读先行，先快速浏览一本书，有三大益处：分类书籍、确定主题、评估内容。以系引阅读法将系列书目精简为系列书单，有三大思路：去除无关的，留下紧紧围绕系列主题的书籍；重视经典的，因为经典名著经久不衰、通俗易懂、富含智慧；选择专业的，选择作者更专业、内容更专业的书籍。

系引阅读先行三大益处，精简系列书目三大思路。

如何从书单中定位相关章节

以系列主题为中心，以系统阅读为方法。

在系列阅读中，从整体上看，对于系列书单中的多本书籍，是以共同的系列主题为中心作对比阅读；从局部上看，具体到书单中的每一本书，则是以系统阅读为方法，来阅读每本书中关于系列主题的内容。

以系列主题为中心

以系列主题为中心，在具体操作上，是找出系列书单里的每本书中与系列主题相关的章节来阅读，也许是全书所有章节，也许是几个章节，也许只有一个章节。

因为，主题有大小之别，大主题包含小主题，这一本书的主题也许从属于另一本书的主题。例如人力资源管理有六大模块，包含人力资源规划、招聘与配置、培训与开发、绩效管理、薪酬福利管理、劳动关系管理。每个模块都有细分的主题书籍，招聘模块有招聘主题的书籍，绩效模块有绩效主题的书籍，与每个模块相关的主题书籍，又都从属于人力资源管理的大主题之下。

我们在系列阅读法的第一步中强调过，系列主题的选定要细分要具体，从大主题中聚焦到小主题来作为系列主题。小主题偏小，所以，落实到系列书单中的每一本书，就免不了出现内容既围绕系列主题却又从属于更大主题的书籍，那么，在这些书中，围绕系列主题的这部分内容，也许只占这些书籍的几个章节甚至是一个章节。

例如，进入职场后，为了提升专业技能水平而去考“企业培训师”（该职业资格考试已取消）和“人力资源管理师”职业资格证书。企业培训师有初、中、高级三本教材，人力资源管理师也有初、中、高级三本教材，而这六本教材，均可以作为关于“企业培训师”主题的系列书籍，也可以作为“人力资源管理师”主题的系列书籍，但是“企业培训师”的小主题是从属于“人力资源管理师”大主题的，并且，在人力资源管理师的三本教材中，“企业培训师”主题的内容只占全书内容的六分之一。

那么，当我们以“企业培训师”为系列主题进行系列阅读时，对于“企业培训师”的三本教材，需要以系统阅读法来系统阅读全书内容，而在“人力资源管理师”的三本教材中，就只需找到关于“企业培训师”主题的那六分之一的章节内容来系统阅读即可，因为剩下六分之五的章节内容与“企业培训师”的系列主题无关或者关系不大。

不受书籍类型影响

当然，我们在这里所列举的是论说类书籍，在虚构类书籍中依然如此。例如，我们想去学习了解明代思想家、军事家，心学集大成者王阳明的人生经历，去搜索关键词“王阳明”时，会发现不同作者所写的关于王阳明的传记。传记作品作为虚构类书籍，一般需要我们去完整地阅读全书，才能对被立传者的生平事迹有较完整的了解，了解其所处时代的社会背景、成长经历中的挑战与机遇、性格特质、处事风格、历史贡献等。

但是，在围绕明朝历史、儒家学说、中国哲学等不同领域的众多著作中，或多或少也会涉及与王阳明有关的章节内容，而且既有虚构类书籍也有论说类书籍。即便是书写同一个人的同一事迹，不同作者在不同书籍中的写作视角，在政治、历史、文化等方面的侧重点也会有所不同。

我们可以搜集整理出这些相关书籍，以“王阳明”为系列主题，将系列书目精简到系列书单，接着，去找出与主题相关的章节内容来作对比阅读。

依相关度定位章节

那么，如何定位这些章节呢？看相关度。

如何评估相关度高低呢？目录含关键词，章节主旨一致。

1. 目录含关键词

一本书的目录，一般包含一级目录、二级目录。在本书中，一级目录由章节大标题构成，二级目录由章节里的小节标题组成。如果一级标题里包含系列主题的关键词，那么，这一章节的内容比较可能是围绕系列主题展开的；如果二级标题里包含系列主题的关键词，但一级标题里不包含，那么，这一小节的内容可能是围绕系列主题展开的，而这一章节的内容却不一定是围绕系列主题展开的。如果想进一步评估，还得分析章节主旨。

例如，在本书的一级目录里，第六章的大标题为“阅读与成长”，在二级目录里，第六章包含“阅读与知识管理”“阅读与演讲提升”两个小节。当我们以“成长”或者“个人成长”为系列主题时，可以重点阅读第六章的内容；当我们以“知识管理”或“个人知识管理”为系列主题时，可以重点阅读第六章第一节的内容；当我们以“演讲”或“演讲提升”为系列主题时，可以重点阅读第六章第二节的内容。

2. 章节主旨一致

章节内容围绕系列主题展开，则相关度高；章节内容并非围绕系列主题展开，则相关度低，甚至无关。章节内容是否围绕系列主题展开，需要分析其章节主旨是否与系列主题一致，是不是为了解答关于系列主题的“是什么？怎么做？为什么？”的问题。如果是，则章节内容是围绕系列主题展开的，相关度高；如果不是，则章节内容并非围绕系列主题展开，相关度低，甚至无关。

例如，本书第六章第一节“阅读与知识管理”的章节主旨即是为了解答关于“知识管理”这一系列主题的“怎么做”的问题，章节主旨与系列主题一致，那么，其内容与系列主题的相关度高。

在通过相关度定位相关章节后，重点阅读与系列主题最相关的章节，对于较小相关度或不相关的章节，可以选择性地忽略。从局部上看，对于单独每一本书中的那些最相关的章节内容，是以系统阅读法逐一进行深度阅读；但是从整体上看，也就是针对系列书单中的全部书籍，则是采用系列阅读法在高度上的对比阅读。

小结：

在系列阅读中，是以系列主题为中心，以系统阅读为方法。以系列主题为中心，在具体操作上，是找出系列书单里的每本书中与系列主题相关的章节来阅读。如何定位这些章节呢？看相关度。如何评估相关度高低呢？目录含关键词，章节主旨一致。

定位书单最相关的章节，围绕系列主题对比阅读。

如何同化不同书籍里的众多概念

求同存异，概念同化。

求同存异，是指寻找共同点，保留不同点。在系列阅读中，不同的作者在书籍里会创作出不同的概念。作为读者，如何让各式各样的概念在我们的大脑里求同存异，既能统一共同点又能兼容不同点呢？方法就是：用自己的概念来同化系列书单中出现的各种概念。所有作者的概念，或者绝大部分作者的概念，都可以用读者自己的这套概念来诠释。

自创概念

概念的表达以词汇为主要语言形式。不同的概念，对应着不同的概念词汇。

在系列阅读中，将各个作者的概念同化为我们自己的概念，这是难度最大的一个步骤。因为在阅读系列书单中的任何一本书籍时，我们都有可能偏爱某位作者的概念和论证，尤其是具备权威地位的作者或经典名著。而当我们偏爱了这位作者的概念和论证后，就容易形成刻板印象，认为整个系列主题所论述的内容就应该是这样的，于是，对系列书单中的其他书籍不再感兴趣，甚至停止了对比阅读，就无法继续了解其他更多的关于该系列主题的内容，也就停下了在该领域成为“专家”的探索步伐，因此，我们需要坚持客观中立的立场，避免钟情于任何一位作者的概念，对所有作者的概念一视同仁。

接着，将这些概念统一纳入自己的概念体系。每个系列书单的内容中，都包含一个概念体系。对这个概念体系的吸收融合过程，是个人概念体系的扩展过程，也是个人知识管理中不可或缺的关键环节，好比将英国、美国、法国、德国、意大利、俄罗斯、日本、韩国等世界各国的原版书籍，翻译成我们所使用的中文。

系列书单中的每本书都代表着一个国家的语言，每个国家的语言都有着自己的词汇，每本书都有着自己的概念。

这就意味着，在进行系列阅读时，我们需要建立一套自己的概念词汇，才能去吸纳系列书单中的各个概念。并且，自创概念需要随着对比阅读书籍数量的增加而持续完善，进而发展为一套自洽的自创理论体系。

例如，以“性格”作为系列主题，可以搜索到一系列的相关书籍、作品。

被称为“医学之父”的希波克拉底在约公元前400年将恩培多克勒的“四根理论”发展为人体“四液学说”。“四液学说”指出，由人体内部血液、黄胆、黑胆、黏液四种体液组合的不同比例，构成了人们四种不同的性格气质，即多血质、胆汁质、抑郁质、黏液质。代表作品：《论人的本性》（希波克拉底）。

“DISC理论”是一种“人类行为语言”，由美国心理学家威廉·莫尔顿·马斯顿博士于20世纪早期创立，该理论以英文单词的缩写字母来代表性格，将人的性格分类为D型（Dominance支配型）、I型（Influence影响型）、S型（Steadiness稳健型）、C型（Compliance服从型）四种。代表作品：《常人之情绪：DISC理论原型》（威廉·莫尔顿·马斯顿）、《DISCOVER自我探索》（李海峰）。

“FPA 性格色彩学”由乐嘉创立于 2002 年，以色彩来代表性格，将人的性格分类为红色性格、蓝色性格、黄色性格、绿色性格四种。代表作品：《“色”眼识人：FPA 性格色彩密码解读》（乐嘉）。

“九型人格”又名性格型态学、九种性格，九型人格理论的历史及来龙去脉已无从考证，可能要追溯自公元前两千五百年或者更早，该理论将人的性格分为九种，分别是：完美型、助人型、成就型、艺术型、智慧型、忠诚型、活跃型、领袖型、和平型。代表作品：《九型人格》（海伦·帕尔默）。

当然，关于“性格”这个系列主题，还有其他更多的理论及概念。在这里，我们只列举了以上四种概念，每一种概念都有其对应的书籍、作品。

接下来，我们需要建立一套自己的概念词汇，来诠释并同化以上四种不同的性格概念，以保持客观中立的立场，不至于站到任何一种概念、一位作者或一本书的队伍中。

我在围绕“性格”这个主题做系列阅读时，创作了一套概念词汇，以“轻性格、快性格、重性格、慢性格”来同化关于“性格”的一系列作品中的一系列概念，并将其命名为“笔迹性格学”。

“笔迹性格学”是以人们执笔书写时笔迹线条独特的“轻重快慢”触摸觉为基础，综合关于“性格”的一系列学说，将性格分类为“轻性格”“快性格”“重性格”“慢性格”四种。借助触摸觉生动且直观、清晰易区分、形象好记忆的优势，能够帮助我们更加细腻地走近性格，并将其服务于工作和生活。

围绕规律

“新知”需要建立在“已知”的基础之上，没有知识是凭空而生的。“已知概念”是创作“新知概念”的地基，如何在掌握众多“性格概念”的基础之上，来创新一套属于自己的概念词汇呢？关键在于找出众多概念背后统一的共性规律。

规律是一种万变不离其宗的逻辑关系，是大道至简。规律才是融合知识、创新知识的关键钥匙，所以需要找到隐藏在“性格”这一系列主题内里的共性规律、解题公式，就像数学公式、物理公式、化学公式一样，公式即是规律。

学校老师往往会让学生先学习掌握公式，接着才让学生借助公式去解更多的题目，在解题的过程中，学生会在公式的基础之上举一反三，发现解题的新规律。并且，不同的人发现的规律具有个性化，擅于总结规律的学生会形成一套自己的解题思路，进而解题速度更快、质量更高。

例如，我首先发现各个“性格概念”所共通的、所共用的两对范畴：“外向和内向”，“感性和理性”。

接着，将笔迹学中的触摸觉与这两对范畴结合在一起：书写时笔速的“快和慢”，分别对应“外向和内向”；书写时笔压的“轻和重”，分别对应“感性和理性”（如图 4-1 所示）。

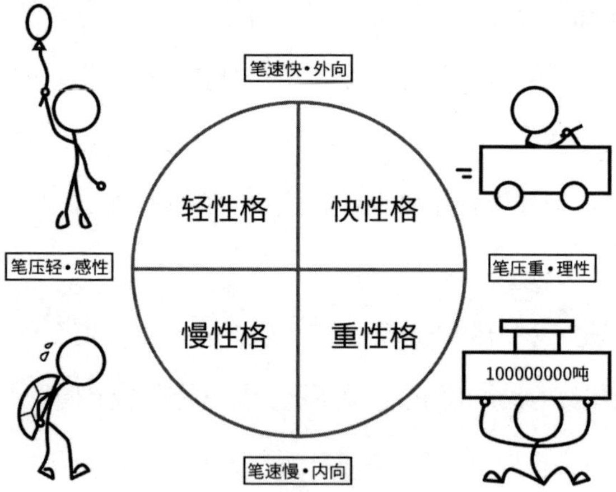

图 4-1 笔迹性格分析模型

感性且外向，笔压轻且笔速快，对应“轻性格”，也对应“多血质”“红色性格”“I 型性格”；

外向且理性，笔速快且笔压重，对应“快性格”，也对应“胆汁质”“黄色性格”“D 型性格”；

理性且内向，笔压重且笔速慢，对应“重性格”，也对应“抑郁质”“蓝色性格”“S 型性格”；

内向且感性，笔速慢且笔压轻，对应“慢性格”，也对应“黏液质”“绿色性格”“C 型性格”。

“笔迹性格分析模型”，即是“性格”领域的新规律，在此模型的基础之上，我继续开枝散叶延伸出新的自成体系的“笔迹性格学”。

找到共性规律，围绕规律，我们都可以结合自己的智慧来创作一套属于自己的概念词汇，以同化关于“性格”的一系列作品中的一系列概念。

基础方法

我们经常自我感知到或者听到有人说：这个概念所表达的意思与另一个概念是一样的。这是知识融会贯通的体现，但贯通得还不够彻底。以自创概念来同化概念，能将众多概念吸纳到自己的概念体系当中，是为最高境界。

有哪些方法可以帮助我们自创概念呢？自创概念三大基础方法：数字法、字母法、比喻法。

1. 数字法

数字法的优势是简单好记忆、结构清晰和主题鲜明。一看名称中的“数字”就知道该概念包含几个主要组成部分，一看名称中的“名词”就知道主题是什么。采用数字法的常见概念，如“九型人格”“6S 管理”“人力资源管理六大模块”等。

2. 字母法

字母法的优势是简单好记、结构清晰。以字母代表单词，可以方便我们记忆，同时，名称中包含几个字母，就代表该概念包含几个主要组成部分。采用字母法的常见概念，如“DISC”“PDCA”“SPIN”“SWOT”等。

字母法多用于英语体系里，在汉语体系里，我们更多时候是采用“单字法”，以单字来代表词汇。因为汉语的博大精深，“单字法”比“字母法”更适合汉语体系下的概念命名。

例如，在“笔迹性格学”里，采用的即是“单字法”，分别以笔迹触摸觉“轻重快慢”中的单字来命名“轻性格”“重性格”“快性格”“慢性格”。“单字法”还具备强大的扩展性，例如，以“轻松”和“轻浮”来形容“轻”性格的主要特征和过度特征，以“稳重”和“沉重”来形容“重”性格的主要特征和过度特征，以“直快”和“只快”来形容“快”性格的主要特征和过度特征，以“静慢”和“净慢”来形容“慢”性格的主要特征和过度特征。

3. 比喻法

比喻法的优势是生动形象，通俗易懂。一看名称，就可以对该概念有个大致的了解。采用比喻法的常见概念，如“性格色彩”“木桶原理”“鲶鱼效应”“光环效应”等。

这三种方法也经常搭配在一起使用，比如“5W2H”是数字法、字母法搭配使用，“六顶思考帽”是数字法、比喻法搭配使用。

除了这三种常用方法之外，还有“人名法”的使用也较广泛，直接采用概念提出者的人名来命名概念，如“马克思主义思想”“马斯洛需求层次理论”等。

关键环节

先提炼结构，再组合概念，是自创概念的关键环节。

1. 两类知识

在知识管理中，“根据知识能否清晰地表述和有效的转移，可以把知识分为显性知识 (Explicit Knowledge) 和隐性知识 (Tacit Knowledge)”（迈克尔·波兰尼）。

显性知识，是指能够被人类以一定的符码系统（以文字语言为主要形式，也包括公式、图表、盲文、旗语、手势语等各种符号形式）加以完整表述的知识。隐性知识和显性知识相对，是指那种我们虽然知道但难以言述的知识。打个比方，知识就像万物赖以生存的土壤，土壤下面隐藏着无限的知识，但大多都是我们没法表述出来、融合进知识体系的知识，代表的是“隐性知识”。只有露出地表的花草树木才是看得见的、可以表述出来的知识，代表的则是“显性知识”。

举个例子，中医讲究先“望闻问切”，再结合医生自己的“经验”开出药方，但是这种“经验”很难把握，依靠感觉，没法数据化、量化、标准化，这就属于隐性知识，不利于学习和普及；西医则是先开个检验单，接着拍片、验血等，然后拿着 X 光片或化验单数据，参照《数据对照表》看体检者的相关信息是否在正常范围内，如此才判断出体检者是否身体患病，这就属于显性知识，易于学习和普及，所以，对于中医来说，建立病例库、指标库、数据库，进而将其变成文字输出研究论文，则显得至关重要，这一过程叫作“隐性知识显性化”。

2. 三类概念

在系列阅读中，当我们在系统阅读系列书单中的书籍、充分了解各个作者所提出的各个概念之后，需要进行个人知识管理，才能在各个概念知识的基础之上，创新出自己的概念。需要经过这样一个知识管理过程：隐性知识显性化 – 显性知识结构化 – 结构知识概念化。

隐性知识显性化，是将理解力之上的作者概念转化为理解力之下的读者启发，将晦涩难懂的“未知”转化为通俗易懂的“已知”，将“不明觉厉”转化为“原来如此”。

显性知识结构化，是将所掌握的显性化的知识进行结构化整理，我们同样可以结合“三维立体思维模型”中的分点结构、分步结构、分层结构来梳理出结构化知识。

接着，结合“数字法、字母法、比喻法”的概念化基础方法，进一步将结构知识概念化为三类概念：分点概念、分步概念、分层概念。

分点概念

分点概念，典型的例子是“SMART目标管理原则”：“S代表具体(Specific)，M代表可度量(Measurable)，A代表可实现(Attainable)，R代表相关性(Relevant)，T代表有时限(Time-bound)。”

“SMART 目标管理原则”概念的形成，首先是结构化：管理学家彼得·德鲁克在实践中总结目标管理的经验，提炼出五个不同的“原则”。结构化之后，接着才是概念化，采用的方法是字母法，取五个原则的英语单词首字母，将此概念组合命名为“SMART 目标管理原则”。

分步概念

分步概念，典型的例子是“PDCA 循环”：“PDCA”分别是英语单词 Plan(计划)、Do(执行)、Check(检查) 和 Adjust(处理) 的第一个字母，PDCA 循环就是按照这样的顺序进行质量管理，并且循环不止地进行下去的科学程序。

第一步：P (plan) 计划，是指找出存在的问题差距，通过分析找出原因并制定出改进计划。第二步：D (Do) 执行，是按照制定的计划去落实行动。第三步：C (check) 检查，对照计划，检查验证执行的效果，确认是否达到了计划的目标。第四步：A (Adjust) 处理，根据检查的结果进行总结，把成功的经验和失败的教训都纳入有关标准、规程、制度之中，把未解决或新出现的问题转入下一个 PDCA 循环。

“PDCA 循环”概念的形成，首先是结构化：将质量管理操作流程分成四步并提取出关键词。不同于分点结构中的并列关系，“PDCA”中的“计划－执行－检查－纠正”这四步是先后顺序的递进关系。结构化之后接着才是概念化，采用字母法，取每个步骤的关键词的单词首字母组合成“PDCA 循环”这一概念。

分层概念

分层概念，典型的例子是“马斯洛需求层次理论”，该理论将需求分为生理需求、安全需求、社交需求、尊重需求和自我实现需求五种，依次由低层次到高层次排列。

“马斯洛需求层次”概念的形成，首先也是结构化：将人的需求总结提炼为由低到高的五种层次。接着才是概念化，采用人名法，将此概念命名为“马斯洛需求层次”。

单一概念

除了分点、分步、分层的三种经典结构，还有一种常见的结构形式，就是“单一结构”。顾名思义，单一结构没有一二三的多元组成部分，如木桶原理、鲶鱼效应、光环效应等就都是单一结构下的单一概念。

举个例子，木桶原理是说一只木桶想装满水，必须每块木板都同样长度、严丝合缝且无一破损，如果这只桶的木板中有一块长短不齐或者内有破洞，这只桶就无法装满水。木桶无论从整体上看有多高，它装水的高度最终都取决于其中最低的那块木板。因此，无论是组织还是个人，都应该分析找出自己的“短板”，并查漏补缺，进一步完善。

请注意，“木桶原理”概念的内部并没有多元化的结构，它采用了比喻法，直接用“木桶”这个喻体来命名概念，将“组织和个人的整体能力”比作“木桶的装水容量”。

小结：

在系列阅读法里，我们对待系列书单中的不同作者的不同概念，应该秉持客观中立、一视同仁的立场，以避免受到刻板印象的影响，局限在某一作者的某一概念里，而停下持续探索的步伐。我们还需要在所有优秀作者的优秀概念的基础之上，找到规律，围绕规律，来创新一套属于自己的概念词汇，以同化各个作者的各个概念。自创概念有三大基础方法：数字法、字母法、比喻法。自创概念需要经过这样一个知识管理过程：隐性知识显性化－显性知识结构化－结构知识概念化，结合“三维立体思维模型”和自创概念三大基础方法，我们可以进一步将结构知识概念化为“分点概念、分步概念、分层概念”或“单一概念”。

客观中立才能求同存异，自创概念同化各个概念。

如何统一不同书籍里的众多主旨

主题中心，主旨导航。

在《主旨分析表》中，我们列出了“书籍主旨、章节主旨、段落主旨、句子主旨、词汇主旨”这五个层次的写作主旨。在系列阅读中，还有一个层次更大的“系列主旨”。系列主题负责确定中心，一切行动向主题看齐；系列主旨负责具体导航，一切行动听主旨指挥。

系列主旨

要做好系列阅读，读者需要围绕系列主题梳理清楚自己想要对比研究的系列主旨，即想在系列阅读中解决的最主要的问题是什么。这些问题，一般是大多数作者在书籍中都有所解答的，所以，我们才会将这些书籍挑选出来并列入系列书单中，但也有些时候，读者认为是问题的地方，作者认为不是问题，于是作者没有在书籍里直接给出答案，这个时候，就需要读者主动在书籍中找出间接的答案，通过作者已有的解答，来推理出未给出的解答。

系列阅读是对比阅读一系列书籍，各个作者的思想智慧各种碰撞，可以说是最为庞大的阅读工程，因此，要梳理出系列主旨的问题，就不能过于发散，发散就会繁多，繁多就容易没了头绪，所以需要归纳整理、化繁就简。

三大问题

万变不离其宗。我们可以将系列主旨统一到三条线上面来，分别对应三大基本问题："是什么？怎么做？为什么？"但凡涉及问题，先回归且统一到这三大基本问题上，再一步一步发散细化到更具体的问题。我们可以称之为"三大元问题"。

呼应《主旨分析表》及第二章第五节"如何分析一本书的主旨思想"的内容，系列主旨在三大元问题及其六对范畴之下，依然可以继续细分为以下三个方面：

1. 是什么?

有无：某人事物真实存在吗？某人有什么事迹？人事物有什么特点？事物产生的原因是什么？目的是什么？在什么因素、背景、情况下产生的？带来哪些影响？有什么结果？

异同：与相关的人事物对比有哪些相同点、不同点、可以创新的点？

“是什么？”是解答关于本质属性的问题，将人事物诠释得越清楚越好；是解答关于“我是谁”的问题，对自己的定位越清晰越好；是解答关于“世界观”的问题，影响着我们如何看待外界和自己。关键字是“知”。

2. 怎么做?

轻重：在行动中需要注意什么技术要点？需要重点做好哪几步？有什么关键的方法技巧？

快慢：行动的先后顺序是什么？人事物发展的时间顺序是什么？

“怎么做？”是解答关于行为实践的问题，计划和步骤越落地越好；是解答关于“到哪去”的问题，目的越明确越好；是解答关于“人生观”的问题，影响着我们如何规划和行动。关键字是“行”。

3. 为什么？

对错：什么是对的？什么是错的？怎样做是对的？怎样做是错的？对在哪儿？错在哪儿？对错标准如何判定？

好坏：优点是什么？缺点是什么？怎样做可以更好？怎样做会更糟糕？好在哪儿？坏在哪儿？好坏标准如何划分？

“为什么？”是解答关于因果动机的问题，“真善美”是永恒的动力；是解答关于“从哪来”的问题，越追本溯源越好；是解答关于“价值观”的问题，影响着我们如何权衡利弊和制定标准。关键字是“合一”。

例如，以“性格”为系列主题去着手系列阅读，第一步该如何主动思考、主动阅读呢？虽然知道主题是“性格”，但仍然缺乏思路。系列主题好似大方向，系列主旨好似导航。虽然心里清楚此行是要去往北京，但具体怎么走，还得靠地图导航。导航怎么走呢？我们首先需要统一三大元问题：

是什么——性格是什么？

怎么做——性格如何应用于工作生活？

为什么——为什么要学习性格？

接着，带着这三大元问题去系列书单的每一本书籍中寻找答案。不同的作者会以不同的思路、角度、方法来回答问题，而且在三大元问题的解答上会有不同的侧重点。也就是说，问题可以统一，答案并不统一，而这正是对比阅读的魅力所在，需要我们在对比之中充分发挥主观能动性，去主动思考、主动发现、主动提炼，才能挖掘出既有广度又有深度更有高度的答案。

小结：

系列主题负责确定中心，一切行动向主题看齐；系列主旨负责具体导航，一切行动听主旨指挥。万变不离其宗，我们可以将系列主旨统一到“三大元问题”：是什么？怎么做？为什么？

主题中心主旨导航，统一主旨三大问题。

如何区分并罗列出系列议题

议题众多，分清主次。

系列主旨已统一，三大元问题已定，接着，以三大元问题为基准线，继续细分出更多的问题。

不同的作者会以不同的思路、角度、方法来回答这些问题，有赞同的，有反对的，也有中立的，还有模糊不清的。于是，读者想要解答的问题，对于作者来说，就成了作者们之间的议题。各个作者围绕各个议题各抒己见。

区分议题分主次

在系列阅读中，作为读者，我们需要尽力确保自己所梳理出的议题是各个作者都有所参与的，这样可以最大程度地集思广益，也可以通过议题的“作者参与率”来划分主要议题和次要议题：主要议题，一般是大多数作者都积极探讨的问题，是关于该系列主题的不可回避的共性问题；次要议题，则是相对而言不那么重要的议题，多为支线议题，参与探讨的作者人数较少。

但是请注意：议题的主次划分并不能一刀切。原因在于：读者的问题与作者的议题之间可能存在不匹配的情况。读者亟待解答的或认为重要的问题，也许在作者们眼里并不重要。通常是因为读者想探究的问题比较个性化、角度比较偏，不属于作者主要关心的议题范畴之内，于是没有在书籍中直接给出答案，需要读者自行去解读。

这就涉及权重划分，是共性问题更重要一些，还是读者的个性问题更重要一些呢？

答案是：从专业视角出发，共性问题更重要些，共性问题可以解决人类共同面对的难题，是成为专家必须要克服的大山；从兴趣视角出发，个性问题更重要些，个性问题可以满足读者的兴趣所在、解决读者的当务之急，并非每位读者当下的阅读方向都是成为专家。

议题罗列按权重

我的建议：当我们在划分主次议题时，在权重上以专业视角为主，以兴趣视角为辅；以解决共性问题为主，以解决个性问题为辅；以矛盾的主要方面为主、次要方面为辅。

例如，以“性格”为系列主题。

在“性格是什么？”的系列主旨之下，我们可以细分出主要议题：性格如何分类？次要议题：性格如何定义？性格存在吗？性格可变不可变？

在“性格如何应用于工作生活？”的系列主旨之下，我们可以细分出主要议题：性格如何测评？次要议题：性格如何应用于工作？性格如何应用于生活？

在“为什么要学习性格？”的系列主旨之下，我们可以细分出主要议题：性格对个人成长有哪些帮助？次要议题：性格对工作有哪些帮助？性格对生活有哪些帮助？

以上这样的划分，只是出于我个人的权衡轻重，不同的读者，在心里会有不同的秤，从而做出不同的主次界定。

对于议题，如果所有的作者给出的答案只有正反两面、有清晰的黑白之分，这就属于简单的议题。更多的时候，议题是比较复杂的，一个议题会出现两种以上的答案，而且很难说谁对谁错，这就需要读者去找出不同答案之间的关联，并对作者的答案做出分类整理。

在下一节内容中，我们继续展开论述。

小结：

将系列主旨统一到“三大元问题”后，接着以三大元问题为基准线，继续细分出更多的问题，也就是作者们之间的议题。区分议题需要分主次，权衡共性问题与个性问题；议题罗列需要按权重，侧重专业视角、共性问题以及矛盾的主要方面。

区分议题分主次，议题罗列按权重。

如何整理议题里的众多答案

集思广议，客观中立。

议题梳理完毕，接着，读者需要秉持客观中立的立场，这样才可以让各个作者的观点得到广泛讨论，从而汇总出所有作者的智慧。

三条分析线索

可以结合《主旨分析表》中的三条分析线索“有无异同、轻重快慢、对错好坏”，来帮助整理各个作者给出的答案。因为，从系引阅读法到系统阅读法再到系列阅读法，各步骤间是环环相扣、层层递进的关系，前后可以相互呼应，所以，我们在前面依《主旨分析表》的三条分析线索去发散、去细分出无穷尽的问题，自然而然，可以再依这三条分析线索去逆向归纳、去收集整理出系列议题的答案。

在“是什么”的元问题之下，各答案之间是围绕“有无异同”来展开议论的。

在“怎么做”的元问题之下，各答案之间是围绕“轻重快慢”来展开议论的。

在“为什么”的元问题之下，各答案之间是围绕“对错好坏”来展开议论的。

例如，在“是什么——性格如何分类”的议题之下，“四液学说”“DISC 理论”“性格色彩学”“九型人格”、“笔迹性格学”都认可性格“有”类型之分，并且各自给出了“不同”的性格分类。

读者在对比分析这些答案时，重在区分“异同”：有什么相同点、不同点；是分成四种性格还是九种性格；概念词汇所借鉴的是色彩学，还是英文单词，抑或是笔迹学。

在“怎么做——性格如何测评”的议题之下，“四液学说”是根据人体内部血液、黄胆、黑胆、黏液四种体液组合的比例不同来测评性格，在实际生活中很难操作；“性格色彩学”“九型人格”是采用问卷的形式来测评性格；“DISC 理论”是采用“问卷 + 软件分析”的形式来测评性格；“笔迹性格学”则是通过对线条、笔画、字体、字阵等一系列特定的笔迹要素的分析，借助书写触摸觉投射原理，来综合归纳出书写者稳定的性格特质与多样化的个性特征。

读者在对比分析这些答案时，需要区分“轻重”，不同的方法在形式上有着不同的侧重点，是侧重问卷，还是侧重软件分析，抑或是笔迹分析；也需要区分“快慢”，每一种测评技术的先后步骤是什么，如果将多种测评技术合并在一起使用，先用哪一种技术，再用哪一种技术。

在“为什么——性格对个人成长、工作、生活有哪些帮助”的议题之下，每位作者、每个概念均认同性格知识的价值，认为“了解性格、运用性格知识可以让我们的个人成长、工作生活变得更好”是“对”的。

读者在对比分析这些答案时，重在区分“好坏”，是否可以让我们变得更好或是更坏，哪种性格概念最适合让自己变得更好。

对比阅读报告

系列阅读法的目的，并不是给系列主旨所对应的元问题和延伸出的各项议题寻找最终的答案，而是通过对比阅读能够输出一份“对比阅读报告”，也就是填满内容的《系列阅读表》。读者在系列阅读法中想要寻找的答案，没有哪一位作者可以解答，甚至所有的作者都没法解答，唯有这份报告可以解答，就像在大学里撰写毕业论文，没有哪份参考文献的作者能够给出终极答案，只有我们自己输出的论文可以解答我们心中的疑惑。这份报告并非为了证明哪几位作者的观点是对的、哪几位作者的观点是错的，也不是为了彰显读者自己的原创观点之正确与否，关键是要保持客观中立，在如实解读各方观点的基础之上，不偏颇任何一方的观点。

在填写《系列阅读表》时，我们在前面自创的概念词汇就可以发挥到至关重要的作用，可以帮助我们以中立的语言来吸纳和同化各方概念，并进一步创新和延伸概念，一如自创“笔迹性格学”之于各方性格概念。

小结：

议题梳理完毕，接着，可依三条分析线索“有无异同、轻重快慢、对错好坏”去收集整理出系列议题的答案，并输出一份“对比阅读报告”，唯有这份报告才可解答我们心中的疑惑。

集思广议整理答案，输出对比阅读报告。

《系列阅读表》案例解析

一张表单，一份报告。

《系列阅读表》，帮助我们对比钻研某领域内同一主题的一系列书籍，成为专家。填写《系列阅读表》，有八大步骤：确定系列主题 - 搜索系列书目 - 书目减至书单 - 定位相关章节 - 同化系列概念 - 统一三大主旨 - 区分罗列议题 - 整理归档答案。

第一步：确定系列主题。

确定系列主题，需要摒弃“大而全”的思路。以“沟通”为例，仅从沟通对象上讲，就包含情侣沟通、夫妻沟通、亲子沟通、职场沟通、与外国友人的沟通、与宠物的沟通等，随便拎出一个，都可以搜索出大量的相关书籍，更别提沟通内容、沟通方式、沟通中的情绪管理、双赢沟通等沟通元素了。“大而全”的主题，反而不利于系列阅读。好比大而全的问题，反而不利于解决问题，与其思考“如何成功”，毋宁思考“如何更好地读透一本好书”。

“小而具体”才能聚焦。我们以“信息沟通”为系列主题并填入“系列主题”栏，聚焦到沟通中的信息传递环节。

第二步：搜索系列书目。

以“信息沟通”为系列主题，通过“馆藏书目、权威推荐、榜单排行、网络搜索”这四大渠道，去搜索相关书籍，罗列到“系列书目”栏。

系列书目讲究多多益善。在实际操作中，如果因为“信息沟通”的主题偏小，导致搜索到的书籍数量偏少，则可以扩大主题，以大主题“沟通”来搜索书籍。先将相关的书籍都网罗进来，再行筛选，选择包含“信息沟通”内容的书籍。

第三步：书目减至书单。

通过系引阅读法“分类书籍、确定主题、评估内容”，再结合“去除无关的、重视经典的、选择专业的”这三大思路，来将书目精简到书单。

经过筛选，我们仅择取三个代表作品，填入“系列书单”栏，分别是：

[美] 马歇尔 · 卢森堡《非暴力沟通》（1963 年首次提出，2009 首次出版）

[美] 罗纳德 · 阿德勒 、 拉塞尔 · 普罗克特《沟通的艺术：看入人里，看出人外》（2010 年首次出版）

[加] R. 布莱恩 · 斯坦菲尔德《学问：100 种提问力创造 200 倍企业力》

第四步：定位相关章节。

根据“目录含关键词，章节主旨一致”来评估章节内容与系列主题之间的相关度，从而定位出最相关的章节来重点阅读。

《非暴力沟通》，以系统阅读法来阅读全书，因为其全书内容都是围绕“非暴力沟通四要素：观察、感受、需求、请求”展开的。

《沟通的艺术》，择取第十章“增加沟通气氛”中的第三节“保留面子：清晰信息处方”的内容来重点阅读。

《学问》，以系统阅读法来阅读全书，因为其全书内容都是围绕“ORID：客观性层次、反映性层次、诠释性层次、决定性层次”展开的。

第五步：同化系列概念。

在收集所有优秀作者的优秀概念的基础之上，找到共性规律，围绕规律，结合“数字法、字母法（单字法）、比喻法”，先结构化再概念化，创新出属于自己的“分点概念、分步概念、分层概念”或“单一概念”，来同化各个作者的各个概念。

《非暴力沟通》提出概念：“非暴力沟通”四要素——观察、感受、需求、请求。

《沟通的艺术》提出概念：“清晰信息处方”五要素——行为、解释、感觉、结果、意图。

《学问》提出概念：“ORID”-O（Objective）客观性层次——事实、R（Reflective）反映性层次——感受、I（Interpretive）诠释性层次——思考、D（Decisional）决定性层次——行动。

找到共性规律：都属于信息沟通，都是关于人与人之间事实、感情、思想、观念、态度、行动的交流。

围绕规律，自创概念（词汇）：“信息沟通五要素”——事（事件事实——我发现）、情（情感情绪——我感到）、需（需求需要——我希望）、解（理解见解——我认为）、法（方法办法——我计划）。五个要素之间为“分点结构”，采用“单字法”命名，简称“事情需解法”。事情需解法，沟通效果好。

第六步：统一三大主旨。

以“是什么？怎么做？为什么？”三大元问题，来统一三大系列主旨：

是什么——信息沟通是什么？

怎么做——如何做好信息沟通？

为什么——为什么要掌握信息沟通？

第七步：区分罗列议题。

在三大系列主旨的基础上，按照权重来划分并罗列出主要议题、次要议题。

在“信息沟通是什么？”的系列主旨之下，可以细分出主要议题：信息沟通包含哪几大信息要素？次要议题：信息沟通如何定义？信息沟通与沟通有何区别？

在“如何做好信息沟通？”的系列主旨之下，可以细分出主要议题：信息沟通的先后步骤是什么？次要议题：信息沟通处于沟通中的哪个环节？信息沟通的注意事项有哪些？

在“为什么要掌握信息沟通？”的系列主旨之下，可以细分出主要议题：运用信息沟通技术，可以给工作生活带来哪些帮助？次要议题：信息沟通重要吗？有必要区分信息要素吗？

第八步：整理归档答案。

结合《主旨分析表》中的三条分析线索“有无异同、轻重快慢、对错好坏”，来整理各个作者给出的答案。

1. 是什么——有无异同

主要议题：

信息沟通包含哪几大信息要素？

“非暴力沟通”四要素：观察、感受、需求、请求。

“清晰信息处方”五要素：行为、解释、感觉、结果、意图。

“ORID”四要素：客观性层次——事实、反映性层次——感受、诠释性层次——思考、决定性层次——行动。

“事情需解法”五要素：事件事实、情感情绪、需求需要、理解见解、方法办法。

次要议题：

a. 信息沟通如何定义？

“信息沟通”如何定义？其实各个作者都没有明确定义，因为各有各的写作视角、概念理论。我们可以直接引用百科定义：“信息沟通是指可解释的信息由发送人传递到接收人的过程。具体地说，它是人与人之间思想、感情、观念、态度的交流过程，是情报相互交换的过程。”

b. 信息沟通与沟通有何区别？

各个作者都认可：信息沟通属于沟通的一部分。“沟通是人们分享信息、思想和情感的任何过程。”

2. 怎么做——轻重快慢

主要议题：

信息沟通的先后步骤是什么？

“非暴力沟通”：区分观察和评论——区分感受和想法——体察内心的需求——提出具体的请求。

“清晰信息处方”：对于“行为、解释、感觉、结果、意图”的先后陈述步骤，没有提出明确的顺序要求，但依然强调在沟通中需要区分清楚这五大元素：行为，客观描述一件事情而不带解释；解释，是将意义连接到行为的过程，解释是主观的；感觉，表达情绪；结果，沟通发生了什么结果，包括描述的行为、解释的内容或随之而来的情绪，或者同时包含三者；意图，我们所秉持的观点、对他人有所诉求、描述未来我们将如何行动。

“ORID”：ORID 是一门引导技术。先说出看到了什么、听到了什么事件；接着，对此事件的感受是什么；再接着，思考这件事带给我们的理解、意义、启发是什么：最后，给我们带来的行动改变是什么，未来决心怎么做。

“事情需解法”分为顺序模式（“事–情–解–法”）和无序模式（“事情需解法”）。顺序模式指“发现了什么事件事实–这件事让我感到了什么情感情绪–因为我是怎样理解的–为此我计划采取什么方法办法”，有步骤顺序；无序模式指“发现什么事件事实、感到什么情感情绪、希望什么需求需要、认为什么理解见解、计划什么方法办法”，无步骤顺序，以“需”为中心开展信息沟通。

次要议题：

a. 信息沟通处于沟通中的哪个环节？

各个作者都认可：信息沟通是指可解释的信息由发送人传递到接收人的过程，是沟通中的关键环节。

b. 信息沟通的注意事项有哪些？

各个作者都认可：区分“事件事实、情感情绪、需求需要、理解见解、方法办法”这五大元素的差异，非常重要。

在顺序模式下，“非暴力沟通”“ORID”“事情解法”，均认可：客观的“事件事实”在先，感性的“情感情绪”其次，理性的“理解见解”随后，行为的“方法办法”最后。

3. 为什么——对错好坏

主要议题：

运用信息沟通技术，可以给工作生活带来哪些帮助？

各个作者都认可：信息沟通可以让人际沟通更加有效，让工作和生活中的人际关系更加和谐美好。

次要议题：

a. 信息沟通重要吗？

各个作者都认可：信息沟通非常重要，是沟通能否达成目标的关键。

b. 有必要区分信息要素吗？

各个作者都认可：信息沟通离不开要素区分，否则会思路混乱、表达不清甚至干扰情绪。

请注意：自创概念是整个系列阅读法的核心。在论说类书籍中，它的任务是同化所有作者及其作品中的概念体系、理论体系、知识体系。虚构类书籍，以文学作品为主，“自创概念”在形式上会有所调整，比如，在文学创作上自创人物、事件、剧情、表达，以吸纳所有作者及其作品中的人物形象、故事、情感、视角等元素。如果没有自创概念，就好似辛勤工作却不要报酬一样，辛辛苦苦对比阅读所得到的收获也将很快丢失遗落。

将以上内容依步骤填入《系列阅读表》，一步一步呈现出系列阅读的全景图，是我们对比钻研做学问的路径图。每完成一张《系列阅读表》，就输出了一份围绕某一主题的“对比阅读报告”，也为我们的个人知识体系编织出一张新的知识网。

系列阅读八步骤，输出《系列阅读表》。

第五章 如何评论一本书

途中跑之后，在用尽全力临近终点时，上体迅速前倾，顺势冲刺跑过终点，冲刺跑是长跑运动的最后一段跑程。

第五章即是阅读的“冲刺跑阶段”，我们需要总结阅读启发，并对书籍做出客观评论，善始善终。

评论书籍需要遵循的四条原则

阅读也是一种沟通，作者先说读者后说。

阅读是作者与读者之间的沟通。一本好书，在阅读之前和阅读之中，作者的专业水平高于读者，读者阅读作者的文字，就像作者在说读者在听一样，读者的主动提问是与作者的对话交流。通过对话交流，读者的专业水平不断接近于作者的水平，但很难高于作者的水平。

通过高度阅读，也就是系列阅读法，提升自己在领域内的专业高度之后再去点评书籍，会更加恰当。因为，在读者了解该领域的一系列书籍之后，具备了领域内更大的话语权，此时再发表自己的看法，会更加客观全面。

这就涉及评论书籍需要遵循的四条原则：延迟评论、自话重述、有理有据、以学为乐。

延迟评论

评论书籍第一条原则：延迟评论。

呼应第一章第二节“阅读的三种情况”的内容，书籍之多浩如烟海，大部分是一面之缘，小部分是一知半解，极少数是一清二楚。在一清二楚之前，先别急着下判断，别急着对不了解的事物说“不”，因为，无意间擦肩而过的也许是一座知识宝藏。

一面之缘：也许连一本书的封面颜色都没注意就去点评书籍，属于缺乏礼貌的指手画脚。

一知半解：对一本书的内容知道得不全面、理解得不透彻；对同一主题的系列书单，只阅读了其中一部分书籍，没有做完整的对比阅读。这个时候去点评书籍，比较难做到客观公正。

一清二楚：系统阅读法帮助我们读懂一本书，系列阅读法让我们全盘了解一系列的书。通过对比阅读的全方位阐述、多角度论证，可以填补系统阅读法中可能出现的知识盲点、知识漏洞。毕竟，一系列的书比一本书会更加全面，在对系列主题全盘了解的基础之上，可以真正实现对个中书籍的一清二楚，所以，在完成系列阅读之前，建议先延迟评论。

自话重述

评论书籍第二条原则：自话重述。

呼应第三章第四节“如何用自己的话重新论述一本书”的内容，评论作者的作品好或者不好的时候，需要在尊重原作内容的基础之上，先用自己的话来完整概述作者的观念，这样才能说明我们了解作者所言，所针对的是作者的某一观念，并非毫无缘由地只是想一吐为快，强行为了点评而点评。好比周杰伦出道之初被批评口齿不清、被批评发型穿着，唯独不评论其中国风、歌词之美、独特的唱腔、天马行空的乐曲创作等音乐元素一样，这是一种浅层的、无关紧要的、不需专业基础、不尊重作者作品的评论。

批评比评论容易，关键就在于一个“论”字。“论”讲究论点明确、论据充分、论证周密，是一个系统工程；“批”可以针对被批对象的“部分”甚至“单点”来批评，而且容易受偏见、喜好、情绪影响。

一篇完整的书评，其文字数量、内容含量甚至会高于被评论的作品，所以，能胜任书评家的往往是相关专家学者。

有理有据

评论书籍时，除了自话重述，还需要注意第三条原则：有理有据。

在用自己的话完整概述作者的观念之后，再结合相关理论和具体论据来阐述自己的见解，如此才是探讨知识、探索真理的科学方式，否则，我们的点评也许只是在表达自己的某种情绪：喜欢或不喜欢；而非见解：同意或不同意，为什么同意或不同意，如果不同意，那么正确的应该是怎样的。

有理有据的评论是个技术活：读者得保持理性，在对比分析、全盘掌握之前，克服表达的冲动；正视假设，论述离不开一些推测性论断和假定性解释，就像没了“假设法”许多数学题就没法解答一样；还得换位思考，站在作者的立场，以同理心来阅读一本书。如此，才能秉持不偏不倚的公正立场。

相对于评论，批判的准入门槛要高上许多。

一般来说，专家型、权威级人物为了扶正祛邪才行批判。例如，在培训行业，桃李满天下的专家老师会举起批判成功学的大旗。专家老师的行业地位在那儿，行业义务也就在那儿。谦虚始终是中华民族的传统美德，而专家级批判和民族性谦虚并不矛盾，二者都是出于敬畏知识。

以学为乐

其实，评论书籍并非重点，呼应《主动阅读提问表》第四大基本问题“启示有什么？”及其四个细分问题。阅读这件事，最重要的是，我们从中学到了什么。这就是评论书籍第四条原则：以学为乐。

收获了什么启发，即是对书籍价值的认可与评论。其中：

“忘不了什么事件事例？”对应“故事型书评”，认可书中的经典人物、故事、案例。

“触动了什么情感情绪？”对应“情感型书评”，认可书中内容带给自己的喜怒哀乐。

“收获了什么理解见解？”对应“见解型书评”，认可书中内容带给自己的理解启发。

“掌握了什么方法办法？”对应“方法型书评”，认可书中内容带给自己的方法改变。

简称“事情解法”四种启示、四种书评。

莫以赢得辩论为目标。正所谓“知之者不如好之者，好之者不如乐之者”，一本书的对错好坏，都不如从中学到了什么更重要，学有所得，是世间最灿烂的快乐。没有一本书会坏到一无是处，没有一本书会好到十全十美。每本书或多或少都能带给我们一些收获，都能启发我们在“已知”的基础之上获得“新知”。

相对于“能批判”，“能创新”才是最能引以为傲的收获。站在巨人们的肩膀上，推陈出新，是将前人智慧继续发扬光大，是对作者们最大的尊敬和感激。

小结：

通过高度阅读（系列阅读法），提升自己在领域内的专业高度之后再去点评书籍，会更加客观全面。评论书籍需要遵循的四条原则：延迟评论，在一清二楚之前，先别急着下判断；自话重述，在尊重原作内容的基础之上，先用自己的话来完整概述作者的观念；有理有据，结合相关理论和具体论据来阐述自己的见解；以学为乐，莫以赢得辩论为目标，阅读这件事，最重要的是，我们从中学到了什么。

系列阅读后再点评，点评书籍四条原则。

评论书籍三大维度

见仁者仁，见智者智。

仁者见仁，智者见智。这句成语的寓意是因为个体差异，对于同一事物，不同的人会有不同的观感。

“见仁者仁，见智者智”是指在阅读中，从仁的角度去发现仁的一面，仁者更仁，从智的角度去发现智的一面，智者更智。虽然书籍质量良莠不齐，但发现“真善美”的初心始终不改。

在坚守初心的基础上，我们可以通过广度、深度和高度三个维度去评论一本书。角度不同，不分好坏，但是，一篇优质的书评，可以从广度、深度、高度上，将被评作品升华到更广、更深、更高的境界。

广度维度

广度维度，主要是对知识广度的点评。比如，作品包罗万象，知识面广；案例翔实，各种引经据典；人物众多又各有特色。

以《明朝那些事儿》的两段书评为例（选自百度百科）：

正方观点（广度维度）：“这部书与一般的历史书不同，重点刻画了历史人物的心理描写，令人看后回味无穷。该书涉及人物众多，线索繁杂，没有一个中心人物可以贯穿起来，加上明朝是一个十分强盛的朝代，期间出现了各种各样的名人，除了皇帝、大臣外，还有王守仁、唐伯虎等各界的名人。”《〈明朝那些事儿〉有了评话版》——扬州官网）

反方观点（深度维度）：“《明朝那些事儿》不是严谨史学著作，带有作者的个人观点和偏好，有些细节处理得很主观。历史形象不等于历史真相，不能当做史实去看。”（《四年级孩子该不该看〈明朝那些事儿〉引发一场“正方反方网络辩论会”》——杭州日报）

《明朝那些事儿》是我最喜爱的书籍之一。无论正反观点，都有书评家的视角考虑，初心向好，则不分好坏。同时，这本书的销量和历史影响也都有目共睹。

深度维度

深度维度，主要是对专业深度的点评。如内容上有细节、有逻辑、有思想、有体系，将知识点诠释得很清晰，将理论推演得很透彻；写法上结构设计巧妙，语言凝练有力，擅用修辞手法，具有语言艺术。

以一段关于《围城》语言艺术的书评为例，引用自“胡育《论〈围城〉的语言艺术》”（选自百度百科）：

“《围城》中的妙喻有三种，一是真实的写景写事物的形象比喻，读来令人舒畅，感觉恰到好处。二是抽象的思维和感觉运用具体的物象来比喻，或者反行之，读来让人觉得新奇，玄妙。第三种是利用喻体和本体在价值等级上的强烈反差逻辑性，达到对对象的嘲讽贬抑，使作品更显诙谐、幽默。

开篇一段中‘夜仿佛纸浸了油，变成半透明体，它给太阳拥抱住了，分不出身来，也许是给太阳陶醉了，所以夕阳晚霞隐褪后的夜色也带着酡红。’这一句话比喻与拟人混用了，整体流畅自然而不带任何矫饰，这是第一种比喻，书中很是常见，又如五人赴三闾途中描写‘这雨愈下愈老成，水点贯串作丝，河面上像出了痘，无数麻瘢似的水涡，随生随灭息息不停，到雨线更密，又仿佛光滑的水面上在长毛。’‘老成’用在雨上，可谓唯钱先生一人，用得好！雨丝密说水面上在‘长毛’，更是形象新奇，但却又恰到好处！

更常见的是第二种比喻，也是全书中的亮点。方鸿渐留洋归来，‘衣锦还乡’颇为惊动了家乡那个小小的县城，先是报上登出新闻，继则应邀回母校做关于‘西洋文化在中国历史上之影响及其检讨’的学术报告。在县省立中学做演讲时，鸿渐说只有鸦片和梅毒在中国社会里长存不灭，使记录的女生‘涨红脸停笔不写，仿佛听了鸿渐的最后一句，处女的耳朵已经当众丧失贞操’。耳朵失去贞操是因为耳朵进了污秽之言，这种换位的应用钱先生可谓炉火纯青。

上述这个例子，变抽象为具体，采用了以虚为实的手法。书上还有一些语句变具体为抽象，将具体的感觉用抽象的物象来比喻。例如第一章中‘孩子不足两岁，塌鼻子，眼睛两条斜缝，眉毛高高在上，跟眼睛远隔得彼此要害相思病。’将眉眼间的距离比作离得远了害相思病，真是妙极。

第三种比喻具有强烈的讽刺效果，关键在于他所用的喻体。喻体和本体间强烈的反差所形成的效果，实在令人叹服。作者在嘲讽李梅亭时说他‘脸上少了那副黑眼镜，两只大眼睛像剥掉壳的煮熟鸡蛋’。眼睛与鸡蛋，本无联系，作者想常人所不能想，运用夸张的手法，贬讽了李梅亭，让读者对之产生厌恶之情。又挖苦他‘本来像冬蛰的冷血动物，给顾先生当众恭维的春气入耳，蠕蠕欲活’，更突出了李梅亭的性格特点。

钱锺书在他的《旧文四篇》里曾提出：‘比喻正是文学语言的根本’‘比喻包括相辅相成的两个因素，所在的事物有相同之处……又有不同之处……不同之处愈多愈大，则相同之处愈烘托，分得愈开，则合得愈出意外，比喻就愈新奇，效果就愈高。’对比喻艺术的精深研究，加之高超的想象力，使他能够在小说中形成众多脱口而出的比喻。”

这段书评，从深度上评论了钱锺书先生在《围城》一书中的妙喻艺术。妙喻之于全书，虽只是冰山一角，却足以以小见大，让读者对整本书的内容充满想象和向往。

高度维度

高度维度，主要是对主题高度的点评。比如，从无到有，开辟出全新的主题；从有到优，将已有的主题拔高到全新的高度；价值高，社会影响巨大。

以一段关于“四书”主题高度的书评为例（选自百度百科）：

“历代科举选仕，试卷命题无他，必出自“四书”，足见其对为官从政之道、为人处世之道的重要程度。时至今日，“四书”所载内容及哲学思想仍对我们现代人具有积极的意义和极强的参考价值。“四书”在社会规范、人际交流、社会文化等方面产生不可估量的影响，其影响播于海内外，福荫子孙万代。“四书”是延续中华文化的千古名篇，人类文明的共同遗产。”

相对而言，高度维度的书评数量最少。因为，大多是针对经典名著的评论，而且，领域内权威的专家、书评家才更有话语权。

对于同一本书，会出现不同书评家在三个维度上的侧重点不同的书评，以《茶馆》为例（选自百度百科）：

广度维度：“老舍戏剧人多事杂，注重以人带事的写法，借助剧中人物的活动，将丰富的时代生活场景进行横断面式的穿插，制造矛盾与矛盾之间的接触点，从而形成了一种以点带面、多线纷呈的蛛网式结构模式。这种结构的最大优势是突破舞台限制，拓宽表现领域，与老舍长篇小说的结构模式颇为相似。”（安徽新华学院文传学院院长，谢昭新）

深度维度：“《茶馆》是老舍后期创作的代表性作品，其语言艺术，更达到了炉火纯青、无与伦比的美妙境界。其一，是性格化。如同《龙须沟》一样，《茶馆》中的对话，都是‘人物自己应该说的语言’，这就使人物之间的性格区别非常鲜明。其二，是能将人物与环境融合在一起，在简洁中包含着较大的容量。其三，是幽默。《茶馆》的幽默感，是同对旧社会和对反动人物的讽刺联系在一起的。”（河北师范大学中文系教授，苏庆昌）

高度维度：“《茶馆》是中国话剧史上的瑰宝；第一幕是古今中外剧作中罕见的第一幕。”（现代文学家，曹禺）

当我们在撰写书评时，既可以从单一维度来下笔，也可以同时兼顾三个维度，写出更全面、更丰富的书评。

小结：

在阅读中，从仁的角度去发现仁的一面，仁者更仁，从智的角度去发现智的一面，智者更智。在坚守初心的基础上，我们可以通过广度、深度和高度三个维度去评论一本书，既可以从单一维度来下笔，也可以同时兼顾三个维度。

评论书籍三维度，发现书籍真善美。

阅读工作的完成

抓大放小，收获为大。

抓大放小，是指抓住主要矛盾和矛盾的主要方面，注重宏观控制，并对次要矛盾和矛盾的次要方面进行微观调节。

阅读也一样，阅读工作的“大”是读者启发，阅读工作的“小”是评论书籍。

阅读工作四模块

阅读工作的完成，是一个循序渐进的过程，包含四大模块：好书应需求、读者读懂了、对比系列书、读者有启发。我们将其公式化可以得到以下公式：

好书应需求 + 读者读懂了 + 对比系列书 + 读者有启发 = 阅

读工作的完成。

1. 好书应需求

首先，选择能顺合自己需求、解答眼前问题的好书来阅读，这样才可以对阅读行为起到“正强化作用”，越读越喜欢阅读，并且，阅读会更有目标性、有方向感。哪怕只是因为喜欢某位作者或无缘由地喜欢某本书，也是吻合自己喜好需求的选择。

当然，偶然遇到一本好书的感觉是奇妙的。从书架上随意取出一本书、不带目的性地阅读，这也是许多读者喜欢的一种“纯粹”的阅读方式，好比学生时期纯粹的恋爱，不掺杂任何灰尘。但是，“求知”似婚姻，是对“爱情”的升华。对知识的如饥似渴也是一种“纯粹”，一如爱一个人，会去追求，会希望组建家庭、幸福美满。也就是说，大多数时候，求知更像是向一个人求婚，是有着明确的方向的，有着明确的主题，会注重成果，例如，为了解决问题、课题研究、科学攻坚而去阅读。

2. 读者读懂了

好书通常是可以理解的，可以理解才能保证读者能够读懂。书籍不可理解，除了内容过于专业、难度过大的原因，如哲学书，还有无逻辑、无思想、无体系的原因，如“拼凑书”。

需要警惕似懂非懂、一知半解的情况。一面之缘，不在心里，对某本书不上心；一清二楚，心知肚明，系统了解某本书；一知半解，“半桶水”状态，比下有余，比上不足，却容易“好为人师”。

3. 对比系列书

继续阅读同一主题的一系列书籍，通过不同作者、不同角度、全方位的论述，来获得更全面、更完整、更有高度的启发。

对比系列书，更需要专注精神。专注既包含在阅读领域上的专注，也包含在时间上的专注，最好能够集中整块时间来阅读，而非碎片化，因为整块时间更容易集中精力去做更具全局性的思考总结。

4. 读者有启发

读者启发，从维度上讲，有广度、深度、高度三大维度，分别对应在知识广度、专业深度、主题高度上的启发；从内容上讲，有“事情解法”四大元素，分别对应在事件事例、情感情绪、理解见解、方法办法上的启发。

三大维度与四大元素，分别从不同角度帮助读者将阅读启发进行分类整理。启发经过归类整理，方可便于“温故而知新”。

至此，关于这一主题的阅读工作才算告一段落，后续还会有新的作者推出新的作品带来新的观点，我们还需继续跟进阅读。学问无尽头，学习无止境。其中，好书应需求、读者读懂了、对比系列书，分别对应系引阅读法、系统阅读法、系列阅读法，通过系引阅读法快速概述一本书、找到吻合需求的书，通过系统阅读法读懂一本书、了解一本书，通过系列阅读法围绕同一主题对比一系列书、成为领域内专家。

读者启发五条件

作为收尾工作，“读者有启发”，又需要满足五个前提条件，分别是主题一致、论述完整、论点正确、认同观念、创新见解。我们将其公式化，得到如下公式：

主题一致 + 论述完整 + 论点正确 + 认同观念 + 创新见解 = 读者有启发。

呼应《主动阅读提问表》四大基本问题。

1. 主题一致

主题一致，对应“主题是什么”。采用系引阅读法快速筛选出来的书籍及其章节内容，在被系统阅读法的抽丝剥茧过程中，可能会被发现有些书籍及其章节的内容主题并不与系列主题一致。不一致的内容，在系列阅读中较难获得统一的启示。

例如，“全脑科学”是个很火的概念，因此，许多作者会借助这个概念来助推自己的作品，诸如“全脑阅读”“全脑培训”“全脑演讲”“全脑销售”“全脑交易”等，当我们以“全脑科学”作为系列主题去搜索关键词“全脑”时，会搜索到各个领域与“全脑”相关的书籍，但是，经过系统阅读，会发现大量书籍只是套着“全脑科学”的外壳，内容与“全脑科学”相去甚远 。这种内容与主题不一致的情况，其实并不少见，会浪费读者的阅读时间、延误读者的系列阅读进程。

2. 论述完整

论述完整，对应“论证是怎样”。论述是论证的过程，完整的论述才是论证的完成。一本书、一个章节、一个段落，内容无论多少，都应包含完整的论证结构，以保证读者获得清晰透彻的启发。

在论说类书籍中，许多“畅销书”是以“故事 + 道理”的形式来组织内容的，严格来讲，这种形式是不属于论证形式的，也就谈不上“论述完整”。论证是用论据来证明论点，“故事”并非好的论据，因为“某故事”所以证明“某道理”的“因果匹配度”较低，好的论据以经历、案例、数据、理论为主。在虚构类书籍中，严谨的作者是以“小说”来诠释主题，拥有完整情节的“故事”才能称之为“小说”。

3. 论点正确

论点正确，对应“正确在哪里”。论点是作者所持的观点，包含中心论点和分论点，对应在全书、章节、段落中作者所主张的大小论点。论点正确才能带来正确的启发。相对而言，论点错误的书籍远远少于论点正确的书籍，因为读者的眼睛是雪亮的，错误的论点很快会被淘汰掉。更需要注意的是“正确的废话”。

道理、理论、真理，都是关于客观世界的规律，但在实际应用中，三者呈现出专业度由低到高的层次结构。道理的专业度最低，众人皆知，所以最容易被认为是“正确的废话”；真理的专业度最高，是我们求知求是的大方向；理论离专业最近，不高不低。所以，论点以道理为主要形式，在写作难度上最低，也最容易“鸡汤”化；论点以真理为主要形式，这样的作品多为哲学书籍，代表人类智慧高峰；论点以理论为主要形式，是各领域的专业作者在创作专业书籍时的共同选择。

4. 认同观念

论述完整且论点正确，读者才会认同作者的观念。认同作者的观念，才会接纳书中内容，继而获得启发。

认同不代表相同，认同不影响我们继续保持自己的特殊性。认同普遍性，保持特殊性，二者并不冲突。独立思考固然重要，但也不可否认“空杯心态”，见到什么就批判什么，为了批判而批判，如何让自己的“杯子”装得进 360 度视角的知识呢？在学习求知的路上，我们也应该像法律一样秉持“无罪推定原则”，“未经审判证明有罪确定前，推定被控告者无罪”，未经逻辑推理证明知识有误之前，推定知识正确。认同和接纳新知，并不妨碍验证和纠错新知，却可以帮助吸收和运用新知。

5. 创新见解

创新见解，对应“启示有什么”。认同观念，获得启发，运用启发，进而在实践中创新出自己的见解，这是卓有成效的阅读启示，更是独立思考的呈现形式。

创新见解，在“已知”和“启发”的基础之上，可以借助“奥斯本检核表法”来发散思维、激发创意。它通过“能否他用、能否借用、能否改变、能否扩大、能否缩小、能否替代、能否调整、能否颠倒、能否组合”九个维度来提出一系列问题，打破旧有的思维框架，强制我们去思考，从而提高创新见解的成功率。

在系列阅读法中，围绕主题建立系列书单后，读者通过对比阅读，才可以感知到哪本书的论述方式最科学、哪本书的论述角度最全面、哪本书的论述有失偏颇、哪本书的论述侧重于哪一点、哪本书的论点精准且正确、哪本书的论点有哪些是错误的、哪本书中出现的人事物最具代表性、哪本书的假设不成立、哪本书的假设与结论不匹配、哪位作者的知识最全面、哪位作者缺乏哪些方面的知识等。如此，读者才可以区分出不同书之间的有无异同、轻重快慢、对错好坏，以及同一本书不同部分的有无异同、轻重快慢、对错好坏。对于对的好的内容，予以赞同；对于错的坏的内容，予以否定。最后，以作者们对的好的内容为基础，做出整合和创新，推出原创的新的见解，输出《系列阅读表》。这样的读者启发，最接近真理。

小结：

阅读工作的完成，是一个循序渐进的过程，包含四大模块：好书应需求、读者读懂了、对比系列书、读者有启发。读者有启发，需要满足五个前提条件，分别是主题一致、论述完整、论点正确、认同观念、创新见解。

阅读工作四模块，读者启发五条件。

第六章 阅读与成长

在长跑运动告一段落后，需要做好整理运动，缓解放松身体肌肉，使身体从运动中的紧张状态过渡至自然状态，并收获更充沛的体能和更健康的身体。

第六章即是阅读的“整理运动”，整合阅读所学，融入个人成长，以更好地服务于工作生活。

阅读与知识管理

阅读离不开知识管理，知识管理离不开阅读。

没有知识管理的阅读，很难落地；没有阅读的知识管理，很难进行。

知识管理循环圈

在知识管理流程中，五大步骤：隐性知识显性化 – 显性知识结构化 – 结构知识概念化 – 概念知识陈述化 – 陈述知识程序化（如图 6–1 所示），循环往复。

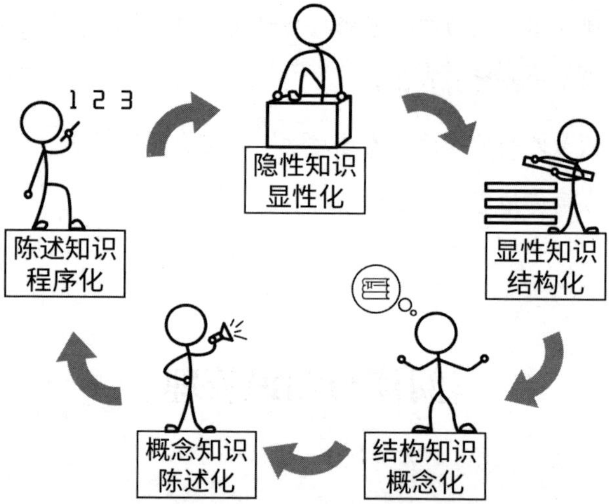

图 6-1 知识管理循环圈

1. 隐性知识显性化

带着问题去阅读，问题背后是隐性知识。在阅读中，大部分的文字内容属于显性知识，作者通过“字词句段章全书”表达得清清楚楚，读者解读得清清楚楚；小部分的文字内容是属于隐性知识，对于作者来说也许是显现知识，但对于读者来说，难以解读得透彻，难以沉淀下这部分知识。

从《主动阅读提问表》到系引、系统、系列三大阅读法，是一步一台阶，帮助我们解读书籍内容，让隐性知识显性化，并且对显性知识再加工。

2. 显性知识结构化

显性知识结构化，解构或重构显性知识，让显现知识结构清晰、不再繁杂，则是“三维立体思维模型”及其分点结构、分步结构、分层结构的任务目标。

在阅读中，无论是梳理书籍的大纲框架，还是组织自主论述，抑或是支撑主旨分析的三大方向，该模型都能发挥其作用。

3. 结构知识概念化

结构知识概念化，命名后的结构知识即为概念化知识。呼应第四章第五节“如何同化不同书籍里的众多概念”的内容，运用“数字法、字母法、比喻法”等方法即可实现结构知识的概念化。

命名，需简单明了，忌艰难晦涩。

简单明了，直观易理解、形象好记忆，才能让大家从字面上就能大致理解这个概念的意思或适用范围。一如许多流行词汇就非常“接地气”，并不讲究“高大上”，好理解易传播，这才是人们喜闻乐道、老少皆宜的“造词”方式，更是我们做学问应该坚持的原则。例如，以比喻法命名的“木桶原理”，一看名称就知道与木桶有关；以人名法命名的“马克思主义思想”，一看名称就容易记住是马克思所创立的思想学说；以单词首字母命名的“PDCA 循环”，一看名称就清楚是由四个步骤组成。

艰难晦涩，舍本逐末，让人读起来云里雾里但又觉得很厉害，好似许多名称听起来高贵、实则空洞的商品品牌一样。少数作者会有意推出此类概念，故意不让人轻易看懂，也许作者自己也不懂，但懂不懂不是重点，能不能吸引眼球才是重点……

4. 概念知识陈述化

概念知识陈述化，将概念知识用模型、脑图、文字，写出来、说出来，转化为理论型的陈述知识。呼应《系列阅读表》的内容，将表单填满的过程，即是概念知识陈述化的过程，尤其是对自创概念的陈述化。

自创概念作为概念知识，就像概念产品并未上市流通一样，并未经过推理论证。需要从内心酝酿的“腹稿”推进到白纸黑字的“成文”，还需要梳理逻辑、去伪存真、持续打磨，才能建构起完整的理论体系，这样才可以更好地指导我们的行动。

5. 陈述知识程序化

陈述知识程序化，将陈述知识落地为可执行的流程步骤，转化为实践型的程序知识。“学以致用”的关键在于“以理论指导实践”，将一句一句的文字理论转化为一步一步的行为实践。陈述知识若仅停留于纸上嘴上，就好似纸上谈兵，未曾冲锋陷阵深入一线战场，如此，陈述知识的价值将大打折扣。

呼应“事情解法”里的“法”，将阅读中习得的方法应用到实践，在实践中解决已有的问题、发现新问题。新问题背后暗含着新的隐性知识，接着，继续知识管理核心圈的循环。

知识管理五步骤

知识管理五大步骤，分别代表着开采知识 – 重整知识 – 定名知识 – 论证知识 – 应用知识 。

1. 开采知识

像从埋藏在地层里的原油资源中开采石油一样，从书海里未知的、不能理解的“作者知识”中，开采出自己理解的、印上自己烙印的“半成品知识”。自己主动开采出来的知识，才是自己的知识。阅读好比游历，书籍以外的讲书类的“导读”都是导游，导游是重要的，但游历还是得靠自己，得靠自己亲自和书籍打交道、亲自与作者对话。

2. 重整知识

开采出来的石油还需工业炼制，才能成为可供应用的化工产品，同理，通过梳理、调整“半成品知识”的“分子结构”来重构出结构化的“成品知识”。重整知识的关键在于结构的梳理与重构，以自己的结构吸纳作者的结构。

3. 定名知识

石油成品需要有名称才能成为家喻户晓的品牌产品，给“成品知识”定名，即将其概念化。上升到概念知识的高度，更容易让该知识深入人心、被人记住，成为“品牌知识”。定名知识，即是给自己的原创知识打上专属标签。

4. 论证知识

新产品上市，需要经得起市场的检验，才能在市场中站稳脚跟。一个全新的概念知识，也需要经过大篇幅的文字论述，去系统论证，实现逻辑自洽，才能形成完整的理论体系。论证知识即是化心中想法为纸上作品。

5. 应用知识

将新品打造的成功经验，总结为一套方法论，并运用到产品升级换代的实践中去。同理，应用知识以理论指导实践，让理论知识落地为流程步骤。在实践中会源源不断地发现新的问题，在解决新问题的过程中，去阅读与新问题相关的书籍，开启新的知识管理循环。

阅读与知识管理，二者相辅相成。在本书里，系引、系统、系列三大阅读方法及四张表单工具，在设计之初即与知识管理五大步骤相匹配，包含知识管理所需的输入、融合与输出。

知识管理的关键在于体系搭建，体系的核心在于框架，框架好比枝干，以枝干为基础，才能将一枝一枝的知识面、一叶一叶的知识点收纳到大树的知识体系。在本书里，“是什么、怎么做、为什么、广度、深度、高度、分点、分步、分层、有无异同、轻重快慢、对错好坏、事情解法”，这些关键词，既是全书的点睛之笔，也可以支撑起个人知识体系的核心框架。

小结：

没有知识管理的阅读，很难落地；没有阅读的知识管理，很难进行。在知识管理流程中，五大步骤：隐性知识显性化 － 显性知识结构化 － 结构知识概念化 － 概念知识陈述化 －陈述知识程序化，循环往复。这五大步骤，分别代表着开采知识－重整知识－定名知识－论证知识－应用知识 。

阅读知识管理互助，五大步骤循环往复。

阅读与演讲提升

阅读与演讲，左手与右手。

阅读与演讲是左手与右手的关系，既可以彼此独立发力，读者是读者，演讲者是演讲者，又可以相互协作助力，以阅读促进演讲，以演讲推动阅读，阅读加演讲是典型的“1+1 ＞ 2”。

在阅读中，我们可以源源不断地获取“故事、情感、见解、方法”这四大演讲素材。

故事

故事可以分为两种：虚假型故事、虚构型故事。虚假：“假的、不可能存在的或者是不真实的人或事。”虚构：“作家创作时在掌握生活素材的基础上进行综合加工，为塑造出典型的艺术形象而采用的一种艺术手法。”显而易见，读者需能区分出这两种故事。

好书中的“故事”，多为虚构型故事，不同于流量文章里的“故事”，后者多为虚假型故事。

好的虚构类书籍中的故事，人物立体，有血有肉，情节完整，有因有果，不仅能舒缓我们的情绪、激发心底的共鸣，更能在历史中沉淀出一份文化。例如，中国“四大名著”中的唐僧师徒、三国好汉、水浒英雄、四大家族的故事，已深深融入中华文化的血脉之中。流量文章里的故事，有些像睡前故事，不仅仅是缺乏一些厚重感，而且很有可能其“创作动机”就非单纯。

好书里的故事，人见人爱，自然可以作为演讲中的故事素材。故事素材多出现于虚构类小说作品中，相对而言，在论说类书籍中，更多的是案例而非故事，因为案例比故事更短小精悍、更具代表性、更有论证效果。往往，更加典型的故事才能作为案例，但无论是故事还是案例，书籍都可以为演讲提供大量的故事素材。

情感

情感也是一种演讲素材，而且是应用广泛却又容易被忽略的素材。

演讲是需要平衡感性和理性的一门技术。感性情感，主要通过肢体语言来表达；理性思想，主要通过口语内容来表达。

当我们越感性的时候，就越难以理性。例如，演讲越紧张就越难以讲好内容，或者人在愤怒的时候抑制不了冲动而动手不动口。

当我们越想传达情感的时候，就越难以将内容讲好。例如，内心洋溢着爱慕，激动地向女孩表白，结果一开口就吞吞吐吐、语无伦次。

当我们越理性的时候，就越难以感性。例如，演讲时不苟言笑、郑重其事，讲得听众昏昏欲睡，却又无可奈何没法去幽默。

当我们越想表达思想的时候，就越难以有好的情绪。例如，辩论的时候，容易针锋相对、情绪激动。

在阅读中，随着情节的波动和思想的冲击，会带给读者无尽的情感体验。在调动情感方面，好书是顺理成章地调动，而非过山车式的强行调动，因而，这种情感体验是健康的、合情合理的，能有利于读者身心健康。

良性情感，一方面可以帮助我们以积极健康的心态去做好演讲，不卑不亢，平衡好感性和理性；另一方面，也可以帮助我们在演讲中传达出积极健康的情感，进而感染听众。

见解

发人深省的见解，带来影响深刻的演讲。

演讲有两类，一类是让听众“听到”，一类是让听众“得到”。听到，让听众听到演讲者的声音，以演讲者为中心；得到，让听众得到启发，以听众为中心。听到，宁缺勿滥；得到，多多益善。

听到的声音，不一定富含思想，甚至会是噪音，思想更具价值。渴望发声，人之常情，可许多时候，发出来的声音也许仅仅只是无病呻吟，或是“打鸡血”，抑或是“喂鸡汤”。思想需要一定的知识储量，再加上自己的思考与总结。

好书不缺知识，尤以议论性作品中的知识密度最大。通过阅读，吸纳书中知识，结合自身知识，创新出独到的见解，再站上讲台去分享，演讲才有料，听众才能获得更好的启发。

方法

方法是解决实践问题的钥匙，书籍里有万能钥匙。

分享方法的演讲往往深受听众欢迎，当然，前提是方法是可行的、科学的。应用性作品就是为“方法”而生，读者能够从中找到取之不尽、用之不竭的方法。

在演讲中分享方法有一大优势：可以少打草稿、少预讲。因为方法类的演讲是以动手演示为主、动嘴演说为辅。分享自己擅长的方法，演示的难度远小于演说的难度。

在演讲中所分享的方法，不能脱离于听众想解决的实践难题。这就要求我们在阅读书籍里的方法时，边读边练，首先不断练习直到得心应手，再结合实践优化书中方法，最后给出最佳解决方案。

四大演讲素材，同样呼应《主动阅读提问表》第四大基本问题“启示有什么？”及其四个细分问题。

“忘不了什么事件事例？”对应“故事素材”，分享一件故事。

“触动了什么情感情绪？”对应“情感素材”，分享一种情感。

“收获了什么理解见解？”对应“见解素材”，分享一段见解。

“掌握了什么方法办法？”对应“方法素材”，分享一个方法。

简称“事情解法”四大演讲素材。

在演讲分享中，既可以单讲“事”“情”“解”“法”中的某一个：分享一件故事、分享一种情感、分享一段见解、分享一个方法。也可以就某一演讲主题依“事－情－解－法”的顺序展开分享：某件事－带给我什么情绪－我是怎样理解的－我认为用什么方法可以做得更好。例如，阅读完《围城》这本书（事），我被钱锺书先生的才华所折服（情），书中各种妙喻简直就是神来之笔（解），今后，我也将在自己的写作中加入更多的修辞手法（法），以让文章更加生动形象。

我们可以将《主动阅读提问表》和《系统阅读表》中的“阅读启示”一栏，单独拆分出来作为“事情解法”阅读卡片。将阅读中积累的演讲素材，填入纸质卡片，带着卡片去做演讲分享（如图 6–2 所示）。

“事情解法”阅读卡片		
事	忘不了什么事件事例?	
情	触动了什么情感情绪?	
解	收获了什么理解见解?	
法	掌握了什么方法办法?	

图 6-2 “事情解法”阅读卡片

在阅读中收获的启发，可以成为演讲素材，但是，“有用”就有用，“没用”就没用。读者不站上讲台分享，没有去运用，这些素材就不能绽放光芒。读书会是读者的演讲舞台。

小结：

阅读可以为演讲提供四大素材：故事、情感、见解、方法。这四大素材呼应了《主动阅读提问表》第四大基本问题“启示有什么？”及其四个细分问题。在阅读中收获的演讲素材，“有用”就有用，“没用”就没用。

阅读助力演讲提升，四大素材事情解法。

参考文献

1. [美] 莫提默·J. 艾德勒，查尔斯·范多伦 . 如何阅读一本书 . 北京：商务印书馆，2004.
2. 梁启超 . 读书指南 . 北京：中华书局，2010.
3. 金克木的 . 书读完了 . 上海：上海辞书出版社，2007.
4. [美] 斯科特·派克 . 少有人走的路：心智成熟的旅程 . 长春：吉林文史出版社，2007.
5. [加] 克里斯多福·孟 . 亲密关系：通往灵魂的桥梁 . 长沙：湖南文艺出版社，2015.
6. [美] 盖瑞·查普曼 . 爱的五种语言：创造完美的两性沟通 . 北京：中国轻工业出版社，2006.
7. [美] 约翰·戈特曼，娜恩·西尔弗 . 幸福的婚姻：男人与女人的长期相处之道 . 杭州：浙江人民出版社，2014.
8. [美] 简·尼尔森 . 正面管教：如何不惩罚、不娇纵地有效管教孩子 . 北京：京华出版社，2009.
9. [意] 玛丽亚·蒙台梭利 . 童年的秘密 . 上海：上海人民出版社，2007.
10. [美] 杰弗里·伯恩斯坦 . 叛逆不是孩子的错：不打、不骂、不动气的温暖教养术 . 北京：机械工业出版社，2013.
11. [美] 彼得·德鲁克 . 管理的实践 . 北京：机械工业出版社，2006.
12. [美] 彼得·德鲁克 . 卓有成效的管理者 . 北京：机械工业出版社，2005.
13. [美] 斯蒂芬·P. 罗宾斯，玛丽·库尔特 . 管理学：第 11 版 . 北京：中国人民大学出版社，2012.

14. [古希腊] 柏拉图 . 理想国 . 北京：商务印书馆，1986.
15. [古希腊] 亚里士多德 . 形而上学 . 北京：商务印书馆，1997.
16. [英] 洛克 . 人类理解论 . 北京：商务印书馆，1959.
17. [法] 孟德斯鸠 . 论法的精神 . 北京：商务印书馆，1961.
18. [法] 卢梭 . 社会契约论 . 北京：商务印书馆， 2003.
19. [德] 弗里德里希·黑格尔 . 精神现象学 . 北京：人民出版社，2013.
20. [德] 尼采 . 悲剧的诞生 . 北京：生活·读书·新知三联书店，1986.
21. 陈福田 . 西南联大英文课 (有声珍藏版). 北京：中译出版社，2019.
22. [美] 罗伯特·西奥迪尼 . 影响力 . 沈阳：万卷出版公司，2010.
23. 王实甫 . 西厢记 . 北京：人民文学出版社，1998.
24. 汤显祖 . 牡丹亭 . 北京：人民文学出版社，1963.
25. 孔尚任 . 桃花扇 . 北京：人民文学出版社，1998.
26. 洪升 . 长生殿 . 北京：人民文学出版社，1983.
27. 曹禺 . 雷雨 . 北京：人民文学出版社，1999.
28. 郭沫若 . 屈原 . 北京：人民文学出版社，2000.
29. 老舍 . 茶馆 . 北京：人民文学出版社，2002.
30. [英] 威廉·莎士比亚 . 哈姆雷特 . 南京：译林出版社，2013.
31. [英] 威廉·莎士比亚 . 奥赛罗 . 南京：译林出版社，2013.
32. [英] 威廉·莎士比亚 . 李尔王 . 南京：译林出版社，2013.
33. [英] 威廉·莎士比亚 . 麦克白 . 南京：译林出版社，2013.
34. 施耐庵 . 水浒传 . 北京：人民文学出版社，1997.
35. 罗贯中 . 三国演义 . 北京：人民文学出版社，1998.
36. 吴承恩 . 西游记 . 北京：人民文学出版社，2004.
37. 曹雪芹 . 红楼梦 . 北京：人民文学出版社，1996.
38. 钱锺书 . 围城 . 北京：人民文学出版社，1991.
39. 路遥 . 平凡的世界 . 北京：人民文学出版社，2005.

40. 陈忠实 . 白鹿原 . 北京：人民文学出版社，1997.
41. 余华 . 活着 . 北京：作家出版社，2012.
42. 唐浩明 . 曾国藩 . 北京：人民文学出版社，2012.
43. 当年明月 . 明朝那些事儿 . 杭州：浙江人民出版社，2011.
44. 二月河 . 康熙大帝 . 北京：长江文艺出版社，2001.
45. 刘慈欣 . 三体全集 : 地球往事三部曲 . 重庆：重庆出版社，2012.
46. 刘慈欣好 . 流浪地球 . 北京：长江文艺出版社，2008.
47. 刘慈欣 . 乡村教师 . 北京：长江文艺出版社，2012.
48. 屈原 . 楚辞 . 北京：中华书局，2010.
49. 鲁迅 . 朝花夕拾 . 北京：人民文学出版社，1972.
50. 鲁迅 . 野草 . 北京：人民文学出版社，1973.
51. 朱自清 . 背影 . 北京：人民文学出版社，1998.
52. 朱自清 . 荷塘月色 . 南京：江苏文艺出版社，2005.
53. [美] 马克・凯斯特勒 .30 天学会绘画 . 上海：上海人民美术出版社，2013.
54. 刘宓庆 . 文体与翻译 . 北京：中译出版社，2012.
55. [美] 米哈里・契克森米哈赖 . 心流：最优体验心理学 . 北京：中信出版集团，2017.
56. [日本] 村上春树 . 刺杀骑士团长 . 上海：上海译文出版社，2018；台北：时报文化企业有限公司，2017.
57. [奥] 弗兰茨・卡夫卡 . 审判 . 上海：上海文艺出版社，2006.
58. [奥] 弗兰茨・卡夫卡 . 变形记 : 卡夫卡小说 . 杭州：浙江文艺出版社，2003.
59. [奥] 弗兰茨・卡夫卡 . 城堡 . 上海译文出版社，2007.
60. [美] 史蒂芬・柯维 . 高效能人士的七个习惯 . 北京：中国青年出版社，2010.

61. [美] 斯图尔特·戴蒙德 . 沃顿商学院最受欢迎的谈判课 . 北京：中信出版社，2012.
62. [美] 索菲·奥伯斯特因 . 成功教练十步骤 . 北京：中国铁道出版社，2010.
63. [美] 史迪芬·E. 卢 . 演讲的艺术图 . 上海：复旦大学，2007.
64. [美] 尼尔·雷克汉姆 . 销售巨人 . 北京：中华工商联合出版社，2010.
65. [英] 马特·里德利 . 理性乐观派：一部人类经济进步史 . 北京： 机械工业出版社， 2011.
66. 中国社会科学院语言研究所词典编辑室 . 现代汉语词典 . 北京：商务印书馆，2016.
67. 季羡林 . 季羡林自传 . 北京：当代中国出版社，2015.
68. 鲁迅 . 鲁迅全集 . 北京：人民文学出版社，2005.
69. 王小波 . 王小波全集 . 昆明：云南人民出版社，2006.
70. 金庸 . 金庸全集 . 北京：生活·读书·新知三联书店，1994.
71. 刘宓庆 . 刘宓庆翻译论著系列 . 北京：中译出版社，2019.
72. 彼得·德鲁克 . 华章管理大师经典之德鲁克系列 . 北京：机械工业出版社，2009.
73. 企鹅口袋书系列·伟大的思想 (合辑). 北京：中译出版社，2016.
74. 金波，薛涛，杨鹏，等 . 给孩子的双语故事 . 北京：中译出版社，2019.
75. 曾子 . 大学 . 北京：中国纺织出版社，2014.
76. 子思 . 中庸 . 北京：中国纺织出版社，2014.
77. 孔子 . 论语 . 北京：中华书局，2006.
78. 孟子，其弟子及其再传弟子 . 孟子 . 北京：中华书局，2010.
79. 孔丘 . 诗经 . 北京：北京出版社，2006.
80. 先秦诸子 . 尚书 . 北京：中华书局，2011.
81. 戴圣 . 礼记 . 上海：上海古籍出版社，2016.

82．姬昌．周易．北京：中华书局，2006.
83．相传孔子．春秋．北京：中华书局，2009.
84．老子．道德经．合肥：安徽人民出版社，1990.
85．孙武．孙子兵法．上海：上海古籍出版社，2006.
86．[古希腊]欧几里得．几何原本．南京：译林出版社，2011.
87．[美]史蒂夫·尼森．日本蜡烛图技术：古老东方投资术的现代指南．北京：地震出版社，1998.
88．[美]拉尔夫·N. 艾略特．波浪理论经典．天津：天津社会科学院出版社，2012.
89．[德]歌德．浮士德．北京：人民文学出版社，2003.
90．劳动和社会保障部中国职工教育和职业培训协会．企业培训师培训教材．北京：新华出版社，2008.
91．企业人力资源管理师专家委员会，中国劳动学会企业人力资源管理与开发专业委员会．企业人力资源管理师国家职业资格考试指南．北京：中国劳动社会保障出版社，2015.
92．度阴山．知行合一王阳明．北京：北京联合出版公司，2014.
93．[古希腊]希波克拉底．医学原本：西方医学与医德的奠基之作．南京：江苏人民出版社，2011.
94．[美]威廉·莫尔顿·马斯顿．常人之情绪：DISC 理论原型．北京：电子工业出版社，2018.
95．李海峰．DISCOVER 自我探索．北京：电子工业出版社，2014.
96．乐嘉．“色”眼识人：FPA 性格色彩密码解读．上海：文汇出版社，2006.
97．[美]海伦·帕尔默．九型人格．北京：华夏出版社，2006.
98．郑日昌．笔迹心理学：通过笔迹透视他人心理．北京师范大学出版社，2014.
99．[美]罗纳德·B. 阿德勒，拉塞尔·F. 普罗克特．沟通的艺术：看入人里，看出人外 . 世界图书出版公司 . 后浪出版公司，2015.
100 . [美] 马歇尔 · 卢森堡 . 非暴力沟通 . 北京：华夏出版社，2009.
101 . [加] 布莱恩 · 史坦菲尔德 . 学问：100 种提问力创造 200 倍企业力 . 北京：电子工业出版社，2016.
102 . [美] 巴巴拉 · 明托 . 金字塔原理：思考、写作和解决问题的逻辑 . 北京：民主与建设出版社，2002.

思维工具

[美] 巴巴拉 · 明托《金字塔原理》

[美] 韦里克《SWOT 分析模型》

[美] 彼得 · 德鲁克《SMART 原则》

[美] 布鲁斯 · 亨德森《波士顿矩阵》

[美] 迈克尔 · 波特《波特五力模型》

[加] R. 布莱恩 . 斯坦菲尔德《ORID 焦点讨论法》

[美] 哈特，[美] 戴明《PDCA 循环》

[美] 约翰 · 惠特默《GROW 模型》

[美] 福特汽车公司《8D 工作方法》

[美] E.S. 刘易斯《AIDMA 法则》

[美] 加涅《加涅智慧技能层次理论》

[美] 唐纳德 · L. 柯克帕特里克《柯氏四级培训评估模式》

[英] 迈克尔 · 波兰尼《隐性知识》

[美] 亚伯拉罕 · 马斯洛《马斯洛需求层次理论》

[美] 彼得《木桶原理》

[美] 亚历克斯 · 奥斯本《奥斯本检核表法》